JUNGBUB

www.youtube.com/jungbub2013

정법강의 + 노트

VOL. 3

정법강의 + 노트 VOL. 3

초판 1쇄 발행 2018년(後紀 6年) 10월 12일

말한이_眞政
엮은이_주식회사 정법시대
발행처_주식회사 정법시대
등록번호_제2018-000009호
Tel_(+82) 02. 2272. 1204
Fax_02. 2135. 1204
Homepage_www.jungbub.com
YouTube_www.youtube.com/jungbub2013
Vimeo_www.vimeo.com/jungbub2013
ISBN_979-11-963167-3-0
ISBN_979-11-963167-0-9(세트)

* 저작권자와의 협의에 의해 인지를 붙이지 않습니다.
* 저작권법에 의해 보호받는 저작물이므로 무단전재와 부단복제를 금지하며,
 이 책 내용의 전부 혹은 일부를 이용하려면 반드시 저작권자와 주식회사 정법시대의 서면 동의를 받아야 합니다.

ⓒ 주식회사 정법시대

JUNGBUB

www.youtube.com/jungbub2013

정법강의 + 노트

VOL. 3

CONTENTS

23-25강 공적인 삶 006

26강 물질봉사와 재능봉사 019

27강 청년취업 025

28강 기도하면 잘못을 용서받을 수 있나요? 030

29강 남을 도와주고 싶은데 037

30-31강 이 시대 아버지 像과 여성 041

32-33강 이 시대의 효 051

34-36강 대학생 취업 060

정법강의 JUNGBUB LECTURE

23-25
공적인 삶

Q. 스승님 강의를 듣다 보면 공적인 삶을 살 것인가, 사적인 삶을 살 것인가, 동물처럼 그냥 살다 갈 것인가, 우리가 세상에 왜 왔는가 등 많은 부분이 정말 가슴에 와 닿아 공인의 삶을 살려고 노력합니다. 하지만 알량한 자존심과 주위의 이목에 신경 쓰다 보니 자꾸만 주춤주춤하게 됩니다. 자존심을 내세우지 않으려면 어떻게 해야 합니까?

강의일자: 2011. 12. 03.

우리 국민은 자존심이 굉장히 강합니다. 자존심이 강하다는 것은 자기 줏대가 세고 기운이 크다는 소리입니다. 그것이 나쁜 것은 아닙니다. 그러나 문제는 뭔가 생산적이지 못한 것에 자존심을 부린다든지 옳지 못한 것을 가지고 자존심을 부리면, 스스로를 망하게 하는 것 또한 그 자존심 때문이라는 것입니다.

우리가 이때까지는 자존심을 부리면서 살았지만, 앞으로는 자존심을 놓아야 될 때입니다. 물론 자존심을 놓아야 한다고 해서 놓아지지는 않겠지만, 자존심이라는 것을 바르게 알고 나면 자존심은 저절로 놓아집니다.

자존심을 부리는 사람들이 어떤 사람들이냐? 극과 극으로 가는 사람들입니다.
예를 들면, 왕실과 왕실이라든지 아니면 수준이 비슷한 경제인 집안들이 서로가 뒤지지 않으려고 경쟁을 하면서 집안 싸움이 일어나는 것입니다. 이런 것들을 우리는 2차 대전 이후, 인류로부터 들어온 정보를 통하여 많이 접하며 살았습니다.
대표적으로 로미오와 줄리엣 이야기가 집안 자존심 싸움에 관한 이야기입니다. 우리는 그런 영화를 보고 정보를 받으면서 '아, 이러면 집안을 망칠 수도 있고 사회에 엄청난 결과를 일으킬 수도 있구나' 하는 것들을 배우고, 부자들도 자존심을 부리며 싸움을 하면 결국 패가망신을 할 수도 있다는 것을 알게 됩니다. 이것은 소탐대실하는 것입니다. 서로가 자존심을 버리지 못해서 자식을 죽이는 결과를 낳았던 것입니다. 자식이 얼마나 귀한데 서로의 자존심으로 결국 둘 다 죽게 만들어 버린 것입니다. 이렇듯 극과 극을 달릴 수 있는 것이 자존심입니다.

그러나 우리가 먹고살기 힘들고 어려우면 자존심을 버립니다. 자존심은 조금 살 만하면 일어나는 것입니다. 즉, 자존심 부리는 사람은 아직 먹고살 만하다는 얘기입니다. 그리고 아직까지는 남에게 지기는 싫다는 것입니다.
그런데 자꾸 자존심을 부리면 어떻게 되느냐? 조금 어려워집니다. 그리고 자존심을 좀 많이 부리면 폭삭 망합니다. 갈수록 땅바닥으로 내려간다는 말입니다. 자존심은 부릴 때와 부리지 않아야 할 때가 있는데, 어려울 때는 절대 자존심을 부리지 말라는 것입니다.
몸이 어려울 때 자존심을 부리면 점점 더 아파지지만 지극히 겸손하면 내 몸이 낫습니다. 또한 경제가 어려운 사람도 자존심을 부리기보다는 지극히 겸손하면 내 노력에 따라서 경제가 다시 돌아옵니다. 경제가 어려운 사람이 자존심을 부리면 자꾸 어려워진다는 얘기입니다.
앞으로는 우리에게 힘을 주었는데 그것을 바르게 쓰지 못할 때는 어려워지는 것을 정확하게 보여줄 것입니다. 그러나 그 힘을 바르게 쓴다면 이상적인 것을 크게 얻게 될 것입니다.

그러면 이 자존심은 언제 놓게 되느냐? 사적으로 사는 사람은 절대 자존심을 놓지 못하지만 공적인 사람은 자존심을 부리지 않습니다. 공公, 사私가 가려진다는 것입니다.
우리가 공과 사를 조금 구별을 해 본다면, 연예인이 공인입니까? 일반적으로 이 사회에서 연예인은 공인이 맞습니다. 모든 연예인, 정치인, 교수, 이런 분들은 다 공인입니다. 그런데 그 자리가 공인 자리인 것이지, 사람이 공인이 된 것은 아니라는 것입니다. 연예인이 되어서 사람들의 존중을 받으면 이들은 공인이 되어야 마땅하고, 공인으로 대우를 받으면 공인이 어떻게 살아야 되는 가도 알아야 합니다.

공인은 내 것을 가져서는 안 되고, 또 고집을 부리면서 내 논리를 남에게 주입하려고 해서도 안 됩니다. 공인은 만인이 이해하는 행동을 해야 하고, 만인에게 득 되는 행동을 하며 살아가는 사람입니다. 내 것이나 내 가족을 챙긴다든지, 또는 내 종교나 학연과 지연을 따진다면 공인에서 이탈된 것입니다.

이렇게 이야기하면 "지금 세상에는 공인이 없겠네요?"라고 물어볼 건데, 이 세상에는 아직까지 공인이 나오지 않았습니다. 공인은 존재하지 않는다는 말입니다. 이때까지는 공인이 무엇이며 어떻게 살아야 된다는 것을 분별하게끔 세상이 운용되어왔고 우리가 그것을 배우면서 살았던 것이지, 공인은 아직 나오지 않았습니다. 이것을 선천시대라고 합니다.

선천시대는 후천시대를 준비하는 과정입니다. 인류가 이때까지 진화 발전해 온 것은 우리가 선천시대를 발전시켜 나온 것입니다. 조상들로부터 이때까지 살아온 정보들을 물려받아 오늘날까지 발전해 왔고, 이 과정 속에서 우리 인간들도 윤회를 하며 진화 발전해 온 것입니다.

그러면 왜 이렇게 발전을 계속하느냐? 후천시대를 열 때 바르게 사는 법칙을 알고, 바르게 사는 세상을 만들기 위해서 발전해 나온 것입니다. 이 후천시대는 2013년도부터 도래하고 이제 인본시대, 정법시대가 열리는 것입니다. 그리고 인본시대부터는 예의를 중시하는 동방예의지국 즉, 이곳 해동 대한민국에서부터 공인이 나옵니다.

그러면 여기서 누가 제일 먼저 공인이 되느냐? 지식을 다 갖춘 사람들이 깨달음을 가지고 공인이 되어 나옵니다. 우리는 자식을 키우면서 지식인을 만들려고 혼신의 노력을 다 했습니다. 지식인을 만드는 것이 집안의 최고 큰 숙원 사업이었고, 우리 형제들은 지식인을 배출하는 당위성을 가지고 노력하며 살았습니다. 이 나라의 지식인이 얼마나 중요한지는 앞으로 알게 될 것입니다. 이 나라가 2차 대전 이후로 혼신을 다해서 열심히들 살았는데, 그 우선 목표가 이 나라의 지식인을 배출시키기 위해서였던 것입니다. 그래서 부모님들도 자식 중에서 한 놈은 어떻게든 공부를 시키려고 나머지를 희생시켜 가며 노력을 했던 것입니다. 나머지 형제들의 불만을 감수해 가면서도 결국은 지식인을 배출시키기 위해 혼신을 다했다는 말입니다.

2차 대전 이후로 이 작업이 이루어졌고 그 중에서 똑똑한 사람을 골라서 지식인을 배출하기 시작했습니다. 이렇게 배출된 지식인들이 오늘날 50대 안팎의 베이비부머 세대입니다. 이 사람들은 최고의 공功을 먹고 자란 사람들입니다. 이 베이비부머들이 지식인이 다 되었으니 이제는 깨달음을 가져야 하는데, 지식만 딱 갖추어 놓았기 때문에 지금 힘을 못 쓰고 있습니다. 그리고 이 지식인들에게는 돈을 주지 않았습니다. 경제도 주지 않았고 다양한 경험도 주지 않았습니다. 그러니까 힘이 없는 것입니다.
지식만 가지고는 아무 일도 못 합니다. 지식은 땅에서 힘을 얻지만, 깨달음을 가지고 나면 하늘의 힘을 얻습니다. 그래서 그분을 선지식이라고 하는 것입니다. 지식인이 깨달음을 갖고 나면 선지식인이 되고, 선지식인이 되면 공인이 됩니다. 이렇듯 공인은 아무나 되는 것이 아닙니다.

이분들이 공인이 되면 어떠한 일을 하느냐? 백성을 위해서 일하고, 나라를 위해서 일하고, 인류를 위해서 일하는 사람이 됩니다. 그래서 공인으로 변하는 것입니다. 인류 최초로 공인이 탄생하는 것이고, 지금 아날로그부터 이것을 시작합니다. 이분들이 인류의 구세주로 나서서 이때까지 풀지 못하던 숙제들을 하늘의 힘으로 풀기 시작해야 합니다.
사회가 이만큼 성장하는 동안 무식한 사람들이 주먹구구로 '이게 옳다, 저게 옳다' 해 가며 운용을 하다 보니까, 이 세상에 많은 모순들이 나왔습니다. 그리고 이런 것들을 계속 반복하다 보니 이 사회가 바르게 운용되지 못하고 그 결과 소외받는 사람들도 생겨났습니다. 우리나라가 이만큼 성장했고 경제를 크게 일으켰는데도 불구하고, 지금 소외받는 사람들이 많은 이유가 여기에 있습니다.

지금까지 인류는 복지 문제를 해결하지 못하고 이것이 계속 누적되면서 성장해 왔습니다. 그리고 복지를 해결하겠다고 노력한다는 것이 어려운 사람을 씻겨 주고 먹여 주고 거두어 주면서 챙겨 온 것입니다. 그러나 이것은 임시방편으로 보호하는 것이지, 해결책은 아닙니다. 지금 많이 어려우니까 더 어렵지 않게 하려고 보호해 주는 수준이지, 아직까지 복지사회를 일으키는 패러다임이 나오지 않았습니다.

앞으로 우리 지식인들이 깨달아서 바른 설계를 하게 되면, 이 세상을 운용하는데 최고의 바른 운용법을 생산하지 모순이 나올 설계를 하지 않습니다.

우리가 지금까지는 임시방편으로 어려운 사람들에게 돈이나 쌀을 나누어 주면서 도와주었습니다. 그런데 어떠한 결과가 나왔느냐? 2차 대전 이후로 우리나라 국민의 수가 3천만 명에서 6천만 명으로 딱 2배가 늘었는데, 어려운 복지수급자는 몇십 배가 불었습니다. 각 분야별로 복지수급자가 장애인부터 시작해서 아파서 병원에 다니는 사람, 장사를 하다가 망한 사람, 소외받는 노인, 오만 분야의 근로자 등 소외계층이 수십 배가 늘었다는 말입니다.

이것은 무엇을 의미하느냐? 복지수급자를 배출만 시켰지 해결은 안 했다는 의미입니다. 이렇게 가면 우리 국민들은 거의 다 복지수급자가 됩니다. 그리고 우리도 나이가 들면 자식들과 떨어져 노인복지시설에 가야 된다는 것입니다. 평생 동안 자식만 바라보고 키우다가 시설에 가서 외롭게 죽을 날을 기다려야 된다면, 왜 이렇게 된 것인지 생각을 해 보아야 합니다.

또한 이 나라가 성장하는데 혼신을 다하며 고생한 노동자들도 지금 명예 퇴직자가 되어서 어떻게 살아가야 하는지 갈 길을 몰라서 헤매고 있습니다. 이 사람들은 엄청난 고생을 해 가면서 이 나라를 일으켜 세운 주역들입니다. 그만큼 고생을 많이 했으면 즐거운 일을 맞이해야 하는데, 지금 그 방법이 안 나오고 있는 것입니다.

복지 문제는 우리가 반드시 해결해야 할 과제입니다. 이것은 앞으로 우리에게 직접적으로 닥쳐올 문제이기 때문에 이것을 해결하지 못하면 똑같은 전철을 밟아야 합니다.

앞으로 돈은, 돈이 있는 곳으로 전부 다 몰려갑니다. 일반적인 사람들에게 딱 쓸 것만 주지, 개인적으로 많은 혜택이 가게 돈을 주지 않습니다. 그리고 돈을 벌려고 욕심을 내는 순간 빨리 밑으로 떨어진다는 사실을 알아야 합니다.

그러니 돈을 벌려고 하지 말고, 내 앞에 주어진 일을 어떻게 하면 바르게 처리하느냐를 고민하고 노력해야 합니다. 그러면 나에게 들어올 돈은 정확하게 들어옵니다. 일을 바르게 하려고 해야지, 돈 벌려는 생각에 치우치게 되면 눈이 가려집니다. 그래서 망하고 실패하는 것입니다. 일을 바르게 처리하지 못하면 실패를 할 수밖에 없습니다. 그리고 한 번 실패를 하고 나면 투자한 돈도 손해를 보지만 함께 투자한 시간도 몽땅 손해를 보고 떨어집니다. 앞으로 돈을 욕심내는 자에게는 절대 돈을 주지 않는 시대가 열립니다.

돈을 많이 벌려고 할 때 돈을 가지게 했던 시절은 우리 윗세대들까지입니다. 2차 대전 이후로 우리 윗대들은 돈을 벌려고 하는 당위성을 가지고 있었습니다. 지금 돈 벌려고 하는 사람들과는 다릅니다. 돈을 벌려면 당위성을 가져야 합니다.

이 나라는 지금 60대부터 70대 초반까지의 윗분들이 경제를 다 가지고 있고 높은 자리나 권한도 그분들이 다 쥐고 있습니다. 그리고 그분들이 경제와 지위를 가지고 있는 것은 대자연의 법칙에 맞게끔 당위성을 가지고 있었기 때문입니다.

그러면 어떠한 당위성이 있었느냐? 두 번 다시 내 가족들이 배고픈 서러움을 겪지 않게 하고, 두 번 다시 우리 집안이 어려워지지 않게끔 하려는 당위성을 가지고 있었습니다. 그렇게 혼신을 다하니 돈을 엄청나게 벌게 해 주었던 것입니다. 이것을 바르게 알고 지금 우리 젊은 사람들이 돈을 벌려고 하는 이유를 생각해 보면, 우리는 그분들처럼 돈을 벌 수가 없다는 답이 딱 나옵니다.

지금 젊은이들은 돈을 좀 벌어서 집을 사려고 한다든지, 빌딩을 갖고 싶다든지 하는 당위성을 가지고 있는데, 이것은 욕심입니다. 그러나 그 어른들은 욕심을 낸 것이 아니고 이 나라와 우리 가족들이 못살고 어려운 것을 보면서 두 번 다시 이러한 것을 겪지 않게 하려는 공적인 생각을 했습니다. 사적인 욕심을 부리지 않았기 때문에 신께서 하고자 하는 대로 다해 주었다는 말입니다.

그리고 지금 50대 안팎의 지식인들이 돈을 벌려고 하는데도 왜 돈을 벌게 안 해 주느냐? 이들이 젊었을 때 뭐라고 하며 살았는지를 생각해 보면 됩니다. 그들은 사상과 이상을 논하고, 국제사회를 더 알고자 했고, 책을 한 권이라도 더 사 보면서 지식을 갖추려고 노력하며 살았습니다. 돈 벌려고 하지 않았다는 말입니다.

그렇게 성장을 했는데 지금은 돈을 벌려고 쫓아다닙니다. 그러나 이상을 논하고 지식을 논하던 자에게는 돈을 주지 않았습니다. 그 대신 지식을 줍니다. 그래서 우리는 지식을 다 가지고 있고 맏형들은 돈을 다 가지고 있는 것입니다. 지식인들은 젊었을 때 문학을 논했지, 자리를 논하지 않았다는 것입니다. 그러니까 자리를 안 주었다고 달려들면 안 된다는 말입니다.

대자연은 틀리게 운용하지 않습니다. 그래서 지식을 갖춘 우리가 깨달음을 가져서 지혜를 열어야 합니다. 우리가 지혜를 열게 되면 세상을 운용할 수 있는 힘을 갖게 되고 돈은 자동으로 움직이는 것입니다. 그리고 지금 우리가 경제를 많이 만들어 놓은 것은 신 패러다임을 열어 바른 세상을 만들어갈 때 그 사업을 하려고 모아 놓은 것입니다.

우리가 복지사회를 이룩할 때 지식인들이 제일 먼저 해야 될 일은 이 사회에 소외된 자들, 또 열심히 고생하면서 노력한 사람들이 즐겁게 사는 세상을 열어 주는 데에 힘을 써야 합니다. 이러한 신 패러다임을 복지사업이라고 하는데 아직까지도 복지사업이 무엇인지를 모르니까 대부분의 사람들이 복지사업은 봉사하러 가는 것이라고 생각을 합니다.

그들에게 "봉사는 무엇이냐?" 이렇게 물으면, "장애인 때 씻어 주러 가는 것 아닙니까?" 또는 "빵 들고 가서 좀 나누어 주어야 되는 것 아닙니까?", "연탄 사 주어야 되는 것 아닙니까?" 하면서 이것을 봉사라고 생각합니다. 그러나 이런 것은 봉사가 아닙니다. 봉사가 아닌데 봉사라고 생각하고 이런 행위를 계속하고 있는 것입니다. 그리고 거꾸로 하는 봉사 행위를 봉사인 줄 알고 계속 하다 보니까 내 집안에서 또 복지수급자가 나오고 나중에는 내가 복지수급자가 되는 것입니다.

내가 어려운 사람이 있는 곳으로 간다고 하면, 그곳에서 뭔가 배울 것이 있어서 가는 것입니다. 어려워지지 않을 자는 어려운 사람이 있는 곳으로 가지 않습니다.
예를 들어 내가 지금 어려운 사람들에 관한 소식을 매스 미디어나 뉴스를 통해서 자주 듣는다든지 또는 풍이 온 환자들을 자주 보게 된다면, 들리고 보이는 것이 나에게 다가오고 있다는 것입니다.

그럼, 어느 만큼 다가왔느냐? 30% 다가올 때까지는 그런 정보를 간접적으로 받게 됩니다. 하지만 풍이 안 올 사람은 텔레비전에 그 정보가 나와도 화장실을 간다든지 해서 그런 정보를 듣지 않습니다. 이렇게 텔레비전으로 보는 것이 30%입니다. 그리고 30%를 넘어 70% 가기 전까지는 옆의 사람들에게 직접 이야기를 듣게 됩니다. 풍을 맞아서 돌아다니는 것을 아직은 내가 직접 본 것은 아니지만, 옆에 사람이 누가 풍을 맞았다는 이야기를 해 주어서 듣고 있는 것입니다. 전파를 통해서 들은 것이 아니라 이제 사람에게서 직접 듣는다는 말입니다. 이것은 풍뿐만이 아니라 노인이 되어서 시설에 갈 사람도 마찬가지이고 장애인이 될 사람도 마찬가지입니다. 차사고 날 사람도, 또 당뇨로 쓰러질 사람도 마찬가지입니다.

이 말을 잘 들어야 합니다. 한 가지를 비유해서 풀어 주지만 이 세상에는 두 가지 법칙이 없습니다. 3 : 7의 법칙은 모든 삶 속에 녹아있다는 것입니다.

간접적으로 들어올 때는 나에게 30% 다가오는 순간입니다. 70%가 되기 전까지는 현장에서 풍 맞은 사람을 직접 접하지는 않지만 주위에서 그것에 관한 소식을 사람에게서 듣게 됩니다. 하지만 70%가 딱 넘어서는 순간, 풍 환자를 직접 접합니다. 그러면 노인 시설이나 장애인이나 어려워진 사람에게 직접 가게 됩니다. 봉사활동을 하러 간다고 하면서 직접 그 현장에 가는 것입니다.

우리가 간접적으로 다가오는 것을 등한시 했고, 또 직접적으로 전달하는데도 등한시 했기 때문에 70%까지 온 것입니다. 그리고 그 선을 넘어서니까 직접 현장에 가서 보는 것입니다. 그것도 돈과 빵을 들고 가서 현장 학습을 시킨다는 말입니다.

그럼에도 불구하고 그곳에 가서 도와주고 왔다는 생각을 하면 나중에 내가 교통사고를 당해서 다리를 잃는다든지, 시설에 갈 일이 생긴다든지, 자식이 배신을 하든지, 여러 가지로 어려운 일이 생겨서 내가 직접 현장에 가 있는 사람이 된다는 사실입니다.

대자연에는 가르쳐 주지 않고 일어나는 일은 단 한 가지도 없습니다. 사업이나 가게가 망하는 사람도 마찬가지입니다. 전파를 통해서 보는 것은 30%이지만, 옆 사람에게서 직접 듣는 것은 70%를 향해서 가고 있다는 사실입니다. 그리고 망한 사람과 현장에서 직접 이야기를 주고받고 있다는 것은 70%를 넘어서 100%를 향해 가고 있다는 것입니다. 내가 망할 차례다, 이 말입니다. 그런데도 지금 하고 있는 것이 봉사활동인가요? 이것은 봉사활동이 아닙니다. 나를 깨치게 하려고 현장에 데리고 가고 있는 중입니다. 깨치지 못하면 나도 이들처럼 된다는 것을 정확하게 가르쳐 주는 것입니다. 그래서 병원에 아파서 누워 있는 사람을 내가 직접 보게 되는 것입니다. 그런데 그것을 보면서 깨치지 못하고 안됐다고 하면서 빨리 일어나라고 쥬스를 사 가지고 가고 "부드러운 죽을 사줄까?" 하면서 자꾸 병원에 쫓아다니면 내가 병원에 들어갈 때가 다 되어간다는 말입니다.

이런 것을 하나도 깨우쳐 주지 못하고 있으면 우리 국민들이 전부 다 그렇게 될 판입니다. 지금 무서운 일이 다가오는데도 우리가 이런 법칙을 모르고 있는 것입니다. 그래서 앞으로는 현장에 가서 무엇을 공부하고 무엇을 깨닫고 와야 하는지 이런 것들을 정확하게 정리해서 국민들에게 가르쳐 주어야 합니다. 이것이 지식인들이 해야 될 일입니다.

우리가 그런 곳에 바르게 갔다 오면 내 기운이 좋아져서 상대들이 바르게 살아갈 수 있도록 이끌어 줄 수 있고 이렇게 해서 상대들이 바르게 살아가니 어려워지지 않고, 더 좋아지는 것입니다. 이런 것들을 바른 분별로, 바르게 살 수 있도록 이끌어 주는 것이 신 패러다임의 복지입니다. 그리고 바른 것을 만들어서 바르게 살게 해 주는 사업이 복지사업이라고 하는 것입니다.

복지사업과 봉사활동은 다릅니다. 지금 봉사활동을 하러 가는 사람은 자기 자신을 깨우치기 위해 현장 학습장에 가는 것입니다. 안 가고 도망간다고 피해지지 않습니다. 피하면 다른 방법으로라도 보게 되고, 그러면 더 곤란한 일이 생기게 됩니다. 그러니 직접 깨우칠 수 있는 기회를 받았다고 생각하고 가라는 것입니다. 그래서 상대에게 어떻게 해서 이렇게 아프게 되었는지도 묻고, 몇 번 자꾸 가다 보면 단골이 되어 깊은 이야기까지 나누게 됩니다. 이렇게 하다 보니까 나중에는 '참 고집이 셌구나. 나도 지금 이런 고집을 가지고 있구나' 하는 것을 발견하게 됩니다. 그리고 '나도 당신처럼 고집을 부리면 이렇게 되겠구나' 하는 것을 알게 됩니다. 자존심 세고 고집이 세면 당연히 상대처럼 될 수 있다는 것을 거기에서 배우게 된다는 말입니다.
처음에 가면 상대가 좋다고 하는데, 나중에는 짜증도 내고 오만 짓거리를 다 합니다. 그러면 "네가 이러니까 병신이 됐지, 이 놈아." 하고 충고도 하면서, 이렇게 하면 어려워진다는 것을 나도 배우고 와야 내 자식과 주위 사람들도 이렇게 안 되게끔 할 수 있는 전령사가 된다는 사실입니다. 그렇게 해서 사람들을 이롭게 하니, 나는 스스로 좋아지고 지혜가 열리게 됩니다. 봉사활동을 바르게 해야 된다는 것입니다.

그리고 복지수급자가 된 사람들에게도 왜 아프게 됐고, 이렇게 어려워졌는가를 깨우칠 수 있도록 신 패러다임을 열어 주어야 됩니다. 그러한 패러다임을 못 열고 사회를 원망하고 남을 탓하면 시간이 지날수록 더 아파지는 것입니다. 남을 미워하는 만큼 더 어려워진다는 사실입니다.
만약, 내가 시설에 갔는데 상대가 자꾸 남을 원망만 하고 있다면 도와주어서는 안 됩니다. 더 어렵도록 만들어야 깨치거든요. 냉철해야 됩니다.
거지가 밥을 얻으러 오면 주지 마세요. 밥을 자꾸 주면 거지는 어떻게 하면 일을 해서 안 굶을 수 있을까를 연구하지 않고, 내일 아침에 또 어디로 밥을 얻으러 갈까부터 생각을 합니다. 계속해서 밥을 주면 얻어먹을 생각만 자꾸 발전되는 것입니다.
장부에 딱딱 적어놓고, 한 달만 이쪽저쪽 돌아다니면 안 굶어죽습니다. 그래서 평생 거지로 만드는 것입니다. 밥 잘 주는 사람이 거지를 만든다는 사실입니다. 그러니까 주지 마세요. 절대 굶어 죽지 않습니다.
밥을 얻으러 갈 만큼 두 다리가 멀쩡하면, 그 사람은 절대 굶어 죽지 않게 되어 있습니다. 어디 가서 "내가 할 일이 없습니까?" 하고 물으면 돈을 안 받더라도 일할 곳은 많습니다. 그러면 밥은 해결됩니다. 그리고 그곳에서 더 성실하게 일을 하면 또 돈도 줍니다.
지금 깡통 들고 밥 얻어먹으러 다니는 사람은 할 일을 주고 밥만 먹여 주면 최고로 득을 보는 것입니다. 에너지 기운이 전부 다 걷어졌기 때문에, 밥을 먹여 주는 것만 하면 됩니다. 그런데 밥 말고 돈 벌 거리를 찾으니까 일자리가 없다고 하면서 얻어먹으러 다니는 것입니다.

돈이 없는 사람, 찢어지도록 가난한 사람, 이동할 차비가 없는 사람은 어디 가서 횡

재를 바라지 마세요. 그리고 지금 만약에 공부하러 갈 차비가 없는 사람은 공부하러 따라 다니려고 하면 가랑이가 찢어집니다. 그러니 제자리에서 주는 일들이 있다면 그것을 열심히 하면 됩니다. 그렇게 하라고 어렵게 해놓은 것입니다. 그리고 돈이 10만 원 정도 필요해서 구해야 되는데 돈이 잘 안 구해지는 사람은 맨날 돈 구하러 돌아다니면서 "이번에 잘되면 한 2000만 원이 생긴다. 그리고 또 2억이 들어온다."고 하면서 돈을 구하러 다닙니다. 그러나 돈은 절대 구해지지 않습니다. 이렇게 말하고 다니는 사람은 15년 가도 그 소리를 하고 다닙니다. 돈 10만 원이 없어서 겨우 구하러 다니는 사람은 100만 원대의 수입이 생기는 일이 들어오면 정확한 일거리를 준 것입니다. 또 1000만 원을 구하는 사람에게는 1억원대의 일거리를 주면 그것이 자기 일이라고 생각을 하면 됩니다. 대자연은 절대 틀리게 일을 주지 않습니다.

지금부터 풀어 나가는 방법을 실질적으로 가르쳐 주는 것입니다. 10만 원은 100만 원, 100만 원은 1000만 원, 1000만 원은 1억 단위라고 보면 됩니다. 예를 들어, 어디 가서 매일 만 원, 3만 원을 빌려서 쓰는 형편인 사람에게 한 10만 원짜리, 혹은 20~30만 원짜리 땅을 팔아보라는 일을 주고 열심히 해 보라고 하면, 그것은 그 사람의 일이 맞습니다. 그런데 그 사람에게 100만 원짜리 일을 준다고 하면 이것은 무조건 안 되는 일입니다. "이거 팔아 주면 한 2억 줄게." 그러는데 그 사람에게는 절대 안 되는 일이라는 것입니다.

이것이 무슨 소리냐? 우리가 부탁을 하더라도 사람을 잘 보고 주어야 된다는 것입니다. 시키는 사람도 바르게 일할 사람에게 일을 시키고, 일할 사람도 내 것이 아닌 것은 신경 쓰지 말라는 것입니다. 내가 만 원짜리를 빌리러 다니면서 해결하는 사람은 10만 원대만 들어오면 경비를 빌리러 가지 않아도 되는 형편이 됩니다. 그러면 경비를 빌리러 가지 않는다는 그 자체만 해도 엄청나게 힘이 상승된 것입니다.

경비를 빌리러 다니지 않으면서 일을 하게 되면, 믿음과 신용도가 그만큼 올라가고 보기에도 좋습니다. 그렇게 되면 이제 100만 원대의 일거리가 들어오고, 어느 정도 여유도 생기게 됩니다.

또 이것을 가지고 잘하고 있으면 남이 보기에 더욱 성실해 보이고 신용이 더 올라

갑니다. 이때 1000만 원대에서 수입이 될 만한 일을 맡기러 누군가 정확하게 옵니다. 그러면 1000만 원대를 가지고 일하는 사람은 아주 여유롭습니다. 이럴 때 억대 수입이 될 만한 일을 가지고 또 누군가가 정확하게 온다는 사실입니다.

지금 엄청난 대자연의 법칙을 이야기하는 것입니다. 이것을 어겼을 때 고생을 합니다. 우리에게 어려움이 다가오는 원리부터 풀리는 원리까지 정확하게 풀어 주었으니까 이것을 항상 상기해야 합니다. 늦게 풀리는 것 같지만 그것이 최고로 빨리 풀리는 길입니다.

정확하게 이렇게 하면, 100일 만에 달라지는 것이 조금씩 보이기 시작하고, 1년이 지나면 내 삶이 확 달라져 있습니다. 내가 지금 어려워져서 밥을 해결하지 못 할 정도라면 밥을 해결시켜 줄 수 있는 일을 감사하게 여겨야 합니다. 그러면 어려움이 풀리기 시작합니다. 그런데 돈을 탐하면 그 자리도 얻지를 못 합니다. 밥 먹는 자리에서까지 추방당한다는 말입니다.

용돈은 생각도 못 하던 생활에서 이제 밥 먹는 것이 해결되고, 그 다음에는 돈 주는 일을 시킵니다. 그것이 낮은 것이지만 내가 직접 돈을 벌 수 있는 상황까지 간 것만 해도 엄청난 발전입니다. 그리고 거기서 또 더 큰일이 들어오면서 나를 인정해 주고 신용을 받아준다는 것입니다. 이것은 0.1mm도 틀리지 않는 대자연의 법칙입니다. 正

MY JUNGBUB NOTE

MONTH 1 2 3 4 5 6 7 8 9 10 11 12
DAY 1 2 3 4 5 6 7 8 9 10 11 12 13 14 15 16 17 18 19 20 21 22 23 24 25 26 27 28 29 30 31

———————————— 지금 나의 환경 ————————————

———————————— 나의 정법 명언 ————————————

———————————— 느낌 + 생각 ————————————

정법강의 23-25강 공적인 삶

정법강의 JUNGBUB LECTURE

26
물질봉사와 재능봉사

Q. 어려운 사람에게 물질을 그냥 주는 것은 바른 봉사가 아니라고 하셨습니다. 그렇다면 저희들이 직접 그 물질을 가지고 그들에게 필요한 우물을 파 주거나 집을 지어 주는 것은 어떻습니까?

강의일자: 2011. 12. 03.

지금 어려운 사람을 돕는다고 하면서 재능봉사도 하고 경제적으로 도우며 우리가 가진 모든 것을 다 투하시키고 있습니다.

예를 들어봅시다. 지금 어떤 사람이 집이 없거나 아주 허름한 집에서 살고 있습니다. 그러면 불쌍하다고 집을 잘 지어 주고, 우물도 없이 어렵게 살고 있으니 우물도 파 줍니다.

그런데 그 사람을 어렵게 살도록 한 분이 누구냐? 신神입니다. 하느님이 됐든, 천지신명이 됐든, 신이라는 말입니다. 신이 이렇게 어렵게 해놓았다는 것을 이해하고 간다면 신께서 깨달음을 가지라고 그 사람에게 벌을 주었을 것인데, 깨달음을 주지 않고 그냥 집을 지어 주고 땅을 파서 샘을 만들어 주면 이제는 살판나는 것입니다. 깨달을 이유가 없는 것입니다. 이렇게 되면 신이 잘못한 것입니까, 내가 잘못한 것입니까?

우리가 분별을 잘못하다 보니 어려운 사람을 돕는다고 나서는데, 어려운 사람은 이유가 있어서 어렵게 사는 것입니다. 어려운 사람을 도우려면 '왜 저렇게 어렵게 살고 있는가?' 하는 이 원리를 먼저 깨쳐야만 됩니다.

이 원리를 바르게 안다면 어려운 사람에게 집부터 지어 주고 우물을 파 주고 하는 것이 아니라는 것입니다. 우선 다니면서 쌀도 조금 갖다 주고 상대에게 이런 원리를 가르쳐 보기도 하고 반성을 하는지, 또 조금 희망이 있으면 그 다음에는 무엇을 하고자 하는지, 이런 것들을 조금씩 물어보아야 합니다. 그러면 내가 돈을 주더라도 상대를 정확히 알아보고 내 시간까지 투자하면서 준다는 것입니다. 이렇게 할 때, 상대에게 진정 도움이 되겠습니까, 아니면 불쌍한 사람이라고 그냥 가서 뚝딱 집을 지어 주어 버리고 샘을 파 주어 버리는 것이 도움이 되겠습니까?

어려운 사람을 도와줄 때는 '앞으로 저 사람이 이 사회에 뜻있고 보람 있는 삶을 살려고 노력할 사람이 되겠는가?', '자기 욕심으로 자기 고집으로 살 사람이겠는가?' 이런 것을 먼저 짚어 보아야 합니다. 얼마만큼 노력을 할 사람인지 그 척도에 따라서 혜택도 그만큼만 주어야 하고, 또 교류를 해 보면 이제 그 코드가 연결이 되는 것입니다. 그러면 이제 이 사람들 관리를 내가 하게 되니까, 여기서 노력하는 것을 보고 조금씩 조금씩 더 도와주면서 한꺼번에 도와줄 것을 나누어서 도와주라는 것입니다. 그렇게 도와주면서 이 사람들의 버릇이 영~ 아니다 싶으면 그 버릇을 고쳐 주든지, 아니면 고생을 더 하라고 도움을 끊어 버리든지 해야 합니다. 이렇게 하는 것이 바른 사회를 만들어 나가는 것입니다.

우리가 지금 일반적으로 "하나만 도와주면 안 되고, 두 가지를 같이 도와줘야 된다."라고 하는데, 이 말은 맞는 말입니다. 그런데 지금 잣대를 잘못 대고 있는 것입니다. 사람을 만들어 주는 것이 우선이고, 그 다음에 그 사람이 바르게 살려고 할 때 모자라는 힘을 우리가 뒷받침해 주어야 하는 것입니다. 이것이 사회를 득 되게 하는 것입니다.

사회에 득 되게 하는 일을 봉사라고 하는 것이지, 어려운 사람들을 밥 먹게 해 준다고 봉사가 아닙니다. 그렇게 하면서 나도 그 안에서 깨닫고 배우게 되는 것입니다. 이제부터 이런 한 가지 일을 하더라도, 공부부터 먼저하고 바른 법칙을 찾아서 해야 합니다. 그러면 나도 도움이 되고, 상대도 도움이 되고, 이 사회도 도움이 됩니다. 이렇게 되면 아주 뜻있는 일을 한 것입니다. 그러면 보람도 있고 즐겁습니다.

—
NGO들이 후진국에 가서 학교를 지어 아이들을 가르치거나 집을 지어주는 경우가 있습니다. 스승님 말씀대로라면 학교는 아이들을 가르치는 교육이니까 뜻있는 것이고, 집을 지어 주는 것은 그들을 일깨우는 것이 아니니 보람 없는 것이라고 이해해도 됩니까?
—

이것을 무조건 '옳다, 그르다' 해 버리면 이해가 잘 안 가니까 조금 풀어 봅시다.

우리가 후진국에 가서 그 나라 아이들에게 공부를 가르치면 도움이 되고 또 그냥 물질을 도와주면서 집을 지어 주고 오면 도움이 안 되느냐고 하는데, 이것은 둘 다 도움이 안 됩니다. 그러니까 지금 학교를 지어 주는 것도 하지 말고 우물 파 주는 것도 하지 말라는 것입니다.

그러면 무엇을 해야 되는가? 안 도와야 되나? 그것은 돕는 것이 아니라는 것입니다.

우물을 파 주되, 그들이 일을 해서 팔 수 있도록 일거리를 가지고 가야 합니다. 기아로 허덕이고 공부도 할 수 없게 되어 있는 그들에게 일을 할 수 있는 기술을 가지고 들어가서, 그들이 일할 프로젝트를 만들어 일거리를 주라는 것입니다.

지금 후진국에서 쓸 수 있는 기술은 우리가 다 가지고 있습니다. 이 기술을 어떤 식으로 프로젝트를 짜서 그 나라에 가는가만 남아 있는 것입니다. 이 기술은 과거에 우리나라가 못 살 때 쓰던 기술로, 지금은 3D산업 Dirty, Difficult, Dangerous이라고 하는데, 이 기술들을 후진국에 가져가면 그 사람들이 충분히 일할 수 있는 기술입니다. 그런데 중공업을 가지고 들어가면 후진국에 있는 사람들은 이런 일을 할 수가 없습니다. 이런 일을 할 수 있는 DNA도 안 되어 있고 근기 자체도 따라 주지 않습니다. 또 교육 수준도 그만큼 안 되어 있고, 건강도 안 되어 있기 때문에 그런 일은 못하게 되어 있습니다.

지금은 우리나라에서 천대받는 기술이지만, 우리가 먹고살기 어려울 때 하던 그런 기술을 후진국에 가지고 들어가면 그 사람들은 그 일을 할 수 있습니다.
그리고 이런 일들을 가지고 들어갈 때도 설계를 잘해서 가야 합니다. 예를 들어서, 굶어죽는 사람들이 우글우글 모여서 살고 있는 그 옆에 공장을 만들면 큰일 납니다. 밤에 자고 일어나면 다 뜯어 가버립니다. 지금 먹고살기 어려워서 보이는 것이 없으니 막을 수가 없습니다. 전쟁이 일어납니다. 그러면 그 사회를 어지럽게 만드는 꼴이 되는 것입니다. 그러니 공장을 만들더라도 현지에 살고 있는 어려운 사람들이 차도 없고 힘이 없어서 쫓아가지 못 할 정도로, 거리가 좀 먼 곳에 만들어야 혼란이 일어나지 않습니다.

그리고 어떤 곳에는 어떠한 공장을 몇 개 세우고 또 어떤 물건을 생산할 것인지를 바르게 설계하고 난 후, 이 물건들을 생산하는데 현지 사람들을 일하게 해야 합니다. 그리고 생산 재료의 수급은 그 나라 주위에서 70%가 다 해결되는 곳이라야 딱 맞는 자리이며, 여기에서 생산이 일어나면 이 주위에서 70% 이상이 다 소비되어야 합니다. 이런 프로젝트를 만들어서 작업을 하면 후진국도 살리고 기아에 굶주리는 사람들도 살리고 또 기업인은 스스로 성장하는 일

이 발생합니다. 지금은 지식인들이 이런 프로그램을 짜서 인류 사회를 도우러 나가야 되는 시점이며, 이것을 인류대민봉사라고 합니다. 이 설계를 이 사람이 지금 하고 있습니다.

이 나라가 앞으로 가야 될 최고의 지름길은 인류대민봉사의 전령이 나가서 인류 기아를 없애는 것입니다. 이 사람이 설계해 주는 대로 하면 정확하게 7년 만에 인류 기아는 없어집니다. 그리고 우리나라에 실업자가 7년 만에 단 한명도 없게 됩니다. 이 두 개는 서로 맞물고 있는 프로젝트입니다. 인류대민봉사를 하러 나갈 수 있는 기술도 이 나라에 다 있고, 그 기술을 가르칠 수 있는 숙련공도 이 나라에서 다 있습니다. 이 사람들이 명퇴자들입니다. 지금 명퇴자들에게 할 일을 찾아 주는 이 프로젝트를 설계해 주지 못하면 이 사람들은 세상에 할 일이 없습니다.

또한 앞으로 청년들이 대기업에 들어가려면, 이 프로젝트가 진행되는 후진국에 2년이면 2년, 1년 8개월이면 1년 8개월 동안 나갔다 와야 합니다. 그리고 이 청년들은 군대도 면제해 주어야 됩니다. 인류대민봉사

를 나가는 것이기 때문에 청년들은 나라의 신용을 얻게 되고, 후진국에서 크게 성장을 하면서 사회를 보게 되고 어려운 자들을 보면서 마음가짐이 달라집니다. 이렇게 인류대민봉사 활동을 한 사람만 대기업에서 받아주는 프로젝트를 지금 일으켜야 합니다.

이것을 이 사람이 짧은 시간에 풀어 주고 있지만, 이 엄청난 인류대민봉사 프로젝트는 이 나라를 살리는 길이며, 이것으로 이 나라가 똑바로 한 발을 내딛고 나가서 인류의 거인이 되기 시작할 것입니다.

인류 기아는 우리 손으로 없애야만 됩니다. 우리 민족은 지금까지 인류에게 받아먹은 것밖에 없습니다. 모든 것을 국제사회로부터 거두어들여 배우고 있고, 국제사회의 것을 다 들여와서 우리를 지탱하고 있습니다. 2차 대전 이후로 폐허가 된 이 땅에서 인류의 혜택을 그만큼 받았다면 이제는 인류에 환원을 해야 될 때입니다.

그 환원하는 방법은 한 치도 틀림이 없는 설계를 해서 국제사회를 이롭게 하는 것입니다. 국제적으로 누구도 해결할 수 없는 프로젝트를 우리가 성공시킨다면 이 나라는 국제사회의 신용을 얻게 되고 국제사회를 위해서 한 걸음 내딛는 것입니다. 이때부터 우리는 인류의 지도자가 되기 시작하는 일이 벌어지고, 이제는 엄청난 경제가 창출되는 진짜 사업가들이 나와서 이분들이 홍익인간이 된다는 것입니다.

MY JUNGBUB NOTE

MONTH 1 2 3 4 5 6 7 8 9 10 11 12
DAY 1 2 3 4 5 6 7 8 9 10 11 12 13 14 15 16 17 18 19 20 21 22 23 24 25 26 27 28 29 30 31

―――――――――――――― 지금 나의 환경 ――――――――――――――

―――――――――――――― 나의 정법 명언 ――――――――――――――

―――――――――――――― 느낌 + 생각 ――――――――――――――

정법강의 26강 물질봉사와 재능봉사

정법강의 JUNGBUB LECTURE

27
청년취업

Q. 대학 졸업하고 취직도 하지 않고 집에서 놀고 있는 자식에게 부모가 먹여주고 재워주는 것이 잘못된 것인가요?

강의일자: 2011. 12. 03.

지금 우리 청년들이 실업을 당하고 있는데 그것은 부모 책임입니다. 그러니까 집에서 먹여 주고 재워 주고 하는 것입니다. 부모가 자식들을 일을 할 수 없도록 키워 냈어요. 그래서 부모 책임이라고 하는 것입니다.

부모가 바르게 잘 키웠다면, 자기 밥벌이는 스스로 할 수 있습니다. 그런데 잘못 키웠으니까 지금 취직도 안 되고, 밥벌이를 못하니까 부모가 다 대주어야 되는 것입니다. 이것은 당연한 법칙입니다.

이제 청년 실업이 왜 생기는가를 조금 풀어 봅시다. 지금 청년들이 학교를 졸업하고 사회에 나와서 무엇을 하느냐? 돈을 벌려고 합니다. 돈 벌려고 사회로 나온다는 말입니다. 그런데 지금 사회는 누구를 기다리고 있느냐? 일할 사람을 기다리고 있습니다. 이것은 하늘과 땅 차이입니다.

사회는 일을 할 젊은이를 찾고 있어요. 그런데 공부를 좀 하고 대학을 나왔다는 젊은이들이 돈 벌 자리를 찾고 있는 것입니다. 이 사회에는 돈을 주려고 기다리는 사람은 아무도 없는데 돈을 벌려고 나오니까 지금 뭔가 안 맞는 짓을 하고 있는 것입니다.

젊은이들이 대학을 나와서 일할 곳을 찾으면 분명히 일거리가 있습니다. 그런데 일할 거리는 안 찾고 돈 벌 거리를 찾으니 지금 갈 곳이 없는 것입니다. 사람을 급하게 구해야 하거나 어느 정도 진짜로 필요한 사람이라고 생각되지 않으면, 돈 벌려고 나오는 사람은 쓰지 않습니다. 그래서 일자리가 없는 것입니다.

지금 우리 젊은이들이 20대에 사회에 나와서 돈 벌 자리를 찾으면 그런 자리는 없습니다. 왜냐? 20대에 학교 공부를 마치고 사회에 나오면, 30대까지는 사회 공부를 할 때라서 그런 것입니다. 일을 할 수 있는 자리를 찾아서 들어가기만 하면 그곳에서 사회 공부를 하게 됩니다. 학교에서 글만 읽다가 나와서 돈 벌 자리를 찾는다고 하면 지금 이 시대에는 맞지 않습니다. 팔 걷어붙이고 그냥 벽돌만 쌓아도 돈을 받았던 무식한 시대에는 그것이 가능했지만 지금은 지식사회입니다. 지식을 갖춘 사람들이 찾는 일자리는 다른 것입니다.
학교에서 글만 배웠다고 배운 사람이라고 하면 안 되고, 지적인 일을 하려면 사회도 정확하게 배워야 합니다. 그래야 사회를 제대로 알고 사회에 진짜 필요한 일을 하는 사람이 될 수가 있는 것입니다.

다시 말하지만 학교에서 글공부를 하고 나오면 사회에 나와서 30대까지는 현장 공부를 해야 합니다. 그러면 '30대까지 현장 공부를 하면 돈은 언제 법니까?' 라고 할 수도 있는데, 돈 벌 걱정은 하지 않아도 됩니다.

그러면 돈을 어떻게 주느냐?
일자리를 구해서 일을 하면 내가 얼마 달라고 하지 않아도 그 사람들이 정확하게 돈을 줍니다. 얼마만큼 주느냐? 사회에서 주는 것의 딱 70%를 줍니다. 내가 학교를 마치고 일자리를 찾아 들어가서 일만 하고 있으면 사회에서 100%를 줄 때 나에게는 정확하게 70%를 준다는 말입니다. 자동으로 그렇게 되어 있습니다.
사람은 기본 양심이 있기 때문에, 내가 일을 하고 있으면 걱정을 하지 않아도 70%가 정확하게 들어옵니다. 이렇게 되면 어떻게 됩니까? 학교 다닐 때는 돈을 들여가면서 배웠는데, 내가 일을 하면서 사회를 배울 때는 사회가 나에게 경비를 주어 가면서 배우라고 하는 것입니다. 내가 배우러 다니면서 쓸 수 있는 경비를 대주며 지금 공부하라는 것입니다. 내 돈 주고 공부하는 것과 경비를 받으며 공부하는 것은 다릅니다. 이것은 엄청난 발전입니다. 그러면 감사하게 여겨야지요. 돈을 적게 준다고 안 가려고 하면 아직 사회인이 될 자격을 갖추지 못한 것입니다.

지식인이라면 지식인이 사회에서 활동하기 적합한 자리를 구하고 있는데, 그 자리를 구하기 위해서는 사회를 알아야만 되는 것입니다. 그래야 지식인의 대우를 해 준다는 말입니다. 그렇지 않고 지식인이 무식한 대우를 받으면서 무식자가 일하는 곳에 가면 일자리가 100% 있습니다.

그런데 지식을 갖추던 사람이 배우지 못한 사람들이 하는 일을 하고, 그들에게 줄 돈을 100% 다 받으면 나중에 쫓겨납니다. 왜? 지식을 갖추던 사람은 그들보다 그 일을 못하게 되어 있기 때문입니다. 일은 그만큼 못하면서 돈은 똑같이 받아가니까 다른 사람을 구해야 되는 것입니다. 그래서 쫓겨나게 됩니다.

지식을 갖추던 사람은 단순한 일을 못 합니다. 그 대신 배우지 못한 사람들은 지식인의 일자리를 탐하지 않습니다. 대자연의 법칙은 이렇게 정확하게 짜놓았는데 우리가 이런 것을 바르게 분별하지 못하고 있고, 사회에서 가르쳐 주지 않고 있는 것입니다. 그래서 대학을 나온 청년 실업자들은 30대까지는 공부할 시기이니 돈 벌려고 하지 말아야 합니다. 절대 그렇게 안 해 줍니다.

일할 자리를 찾아서 현장 공부를 하는 품성을 가지고 세상을 바라보면 일자리는 얼마든지 있습니다. 그러면 사회에 일을 하기 위한 사회 인턴으로 지금 나오는 것이 됩니다. 이렇게 인턴 생활을 하다 보면 사회를 알게 되고, 지식을 갖춘 것이 있으니까 실력이 나옵니다.

그러면 실력이 나올 때는 언제냐? 40대가 되어야 이제 실력이 나옵니다. 40대가 되면 불혹의 나이라고 하는데 이런 단어를 짜 놓은 이유가 있습니다. 40대가 되니까 이제 조금 알겠다는 것입니다. 10대에서 20대까지는 글을 배웠고, 30대에는 사회에 나와서 사회를 배웠으니, 이제 40대에는 현장에서 일꾼이 되어 직접 실습을 할 때인 것입니다. 이것이 40대입니다. 그래서 현장에 투입되면 정확하게 실력이 나오는 것입니다.

실력이 나오면 어떻게 되느냐? 지식을 갖추고 실력 있는 사람을 구하는 사람이 나를 탐냅니다. 그러면 말단으로 들어가는 것이 아니라 간부 사원으로 발탁되어서 들어가고 그 자리에서 대우를 받습니다. 지식을 갖춘 사람은 중견 간부급으로 간다는 사실입니다. 이런 사람들을 우리가 갖춘 사람이라고 하고 실력자라고 하는 것입니다.

앞으로 사회는 자신을 갖추어야 실력이 있다고 하는 것이지, 실력도 없는데 실력 있는 사람의 대우를 받으려고 들면 이 사회가 용서를 안 합니다. 그래서 40대에 내가 할 수 있는 일을 하고 있으면 여기서 빛이 나고 저절로 이름이 납니다. 그리고 어딘가로 그 소문이 들어가서 나를 발탁하러 오게 됩니다. 이렇게 해서 자기 자리로 정확하게 들어가서 대우받고 존중받으며 아랫사람들을 이끌게 됩니다. 위의 자리에서부터 할 일이 생기는 것이 지식인입니다.

이렇게 정확하게 가야만 청년 실업 문제가 해결되지, 이 방법에서 하나라도 뒤죽박죽 되면 절대 해결되지 않습니다. 앞으로는 청년들이 바르게 분별할 수 있도록 바른 가르침으로 교육을 시켜야 합니다. 그런데 틀린 것을 바른 것이라고 가르쳐 주니까 이상하게 들려 도망가 버리는 것입니다.

우리 젊은이들은 항상 배우려고 하는 욕구를 가지고 있기 때문에 바른 것을 가르쳐 주면 마음을 다해서 그 가르침을 받으려고 들고 또 가르쳐 주면 항상 고마워 할 줄 압니다.

우리 인생은 미래를 열기 위해서 지금 열심히 하는 것이지, 오늘 사탕을 먹기 위해서 열심히 하는 것이 아닙니다. 더구나 앞으로는 모두가 고등교육 이상을 받는 시대입니다. 고등교육 이상을 받은 지식인들이 살아가는 시대는 사탕을 하나 준다고 좋아할 때가 아닙니다. 미래의 삶에 도움이 되게끔 이끌어 주어야 된다는 말입니다. 正

MY JUNGBUB NOTE

MONTH 1 2 3 4 5 6 7 8 9 10 11 12
DAY 1 2 3 4 5 6 7 8 9 10 11 12 13 14 15 16 17 18 19 20 21 22 23 24 25 26 27 28 29 30 31

———————————— 지금 나의 환경 ————————————

———————————— 나의 정법 명언 ————————————

———————————— 느낌 + 생각 ————————————

정법강의 27강 청년취업

정법강의   JUNGBUB LECTURE

28
기도하면 잘못을
용서받을 수 있나요?

Q. 일상생활에서 우리가 사용하고 있는 말 그 자체가 축원이라는 말씀을 하셨습니다. 그런데 상대와 대화를 하다가 실수할 때도 있고 언성을 높이거나 남 탓을 할 때도 있습니다. 이때 그 사람과 대화를 하여 푸는 것이 제일 좋겠지만, 그렇지 못할 경우에는 혼자서 잘못을 뉘우치고 상대를 위해서 축원이나 기도를 하면 저의 잘못을 조금이라도 용서받을 수 있는지요?

강의일자: 2011. 12. 03.

기도에 대해서 오늘 한번 풀어 봅시다.
우리가 이때까지 기도를 어떻게 했어요? 빌었지요? 어떤 사람은 중얼중얼하면서 도와달라고 빌었고, 어떤 사람은 교회나 절 같은 단체에 찾아가서 기도하든지 산이나 바다에 가서 물을 떠놓고 빌었습니다.

이 기도가 어떤 기도인지를 먼저 잡아 봅시다. 이것은 무식한 기도입니다. 이렇게 말하는 것은 누구를 탓하려고 하는 것이 아닙니다. 인류 사회는 이때까지 무식하게 살았던 것입니다. 기복 신앙으로 모든 것들에 매달리며 살았던 것입니다.
매달린다는 것은 내가 좀 모자라다는 것입니다. 내가 모자라지 않으면 매달리지 않습니다. 인류는 이때까지 무식 사회를 살았습니다. 그래서 빌고 매달리던 이것이 지금까지 해오던 기도였습니다.

그러면 앞으로 인본시대에는 어떻게 바뀔 것이냐? 사람이 사는 시대에는 빌지 않습니다. 사람은 어디에도 비굴하게 무릎 꿇거나 빌지 않고 당당하게 살아야 합니다.
내 할 일을 하면서 사는 것, 이것이 사람 사는 방법입니다. 동물적인 삶을 살 때는 무엇을 하나를 얻으려고 하면 아주 비굴하게 살아야 했습니다. 무엇이든지 하나라도 얻고 내 것을 챙기려고 힘 있는 자 앞에 무릎을 꿇고 낮은 자세로 비굴하게 빌었습니다. 그러나 내가 조금 가지고 배부르면 고개를 빳빳이 세우고 남을 업신여기며 삽니다. 이것이 우리가 이때까지 살아온 모습입니다.

그런데 앞으로 인본시대를 열면 어떻게 살아야 되느냐? 내 앞에 온 사람에게 서로 예를 갖추고 서로에게 득 되게 살아야 합니다. 그리고 나에게 주어진 일을 바른 분별로 행하고 뜻있고 보람 있는 일을 하는 것으로 바꾸어야 합니다.
오늘 당장 바꾸라는 것이 아닙니다. 이런 패러다임을 열어 주는 사회가 우리 앞으로 옵니다. 그때가 오면 우리가 살아가는 방법이 바뀌게 됩니다.
아주 즐거운 삶을 살 때는 어디 가서 빌 일이 있나요? 우리가 즐겁게 살 때는 빌 일이 없어집니다. 그래서 비는 일이 자동적으로 없어지는 것입니다.

그러면 기도를 정리해 보고 갑시다.
우리가 교회나 절에 가서 설법과 강론을 하면 듣습니다. 듣고 재미있으면 웃기도 하고 박수도 치고 기뻐합니다. 그리고는 나중에 "기도합시다~"라고 합니다. 그러나 아직 기도한 것이 아닙니다. 기도 준비를 한 것입니다. 우리가 강의를 듣는다는 것은 몰랐던 것을 배우는 것입니다. 오늘 그 장소에 왔다면 다른 곳에서 배우지 못했던 것을 배우러 온 것입니다. 교회도 그들을 가르치는 일을 했어야 했습니다.
교회나 절 같은 곳은 가서 비는 곳이 아닙니다. 사회에서 생활하면서 잘못한 것을 끌어내서 돌아보고 뉘우치고 깨우치도록 이런 것들을 먼저 가르쳐야 하는 곳입니다. '경'을 읽는 것이 아니라 '나의 경'을 만지게 해야 됩니다.
우리가 일주일 동안 생활하면서 잘못 행동한 것이 있어도 일주일 동안에는 벌을 받지 않습니다. 교회는 가르칠 사람이 있는 곳입니다.

교회는 '가르칠 교敎, 모일 회會', 즉 모여서 가르침을 받는 곳입니다. 교회에 가서는 일주일 동안 지내면서 좋은 일이든 슬픈 일이든 몇 가지를 꺼내 서로 만져 보면 깨우칠 것이 많습니다. 이렇게 모여서 전부 화합해 보고 이해가 안 가는 것은 그곳에 있는 지도자인 목사나 부목사님이 이해되도록 가르쳐 "우리가 잘못한 것이 제법 있지요? 우리가 앞으로 바르게 해서 하느님을 욕되게 하지 맙시다. 우리가 잘못 살면 하느님 얼굴에 먹칠합니다. 그러니 앞으로 이런 것들을 잘 만져서 조금이라도 나아진 삶을 살아 대자연의 힘을 받고 찬양합시다~"라고 하면 전부 "할렐루야~"라고 하든지, "아멘!" 하든지, "맞습니다!" 라고 합니다.

그렇게 맞다고 하면, 그때 "다 같이 기도합시다." 하면서 목회자가 기도를 해 주는 것입니다. 이 뜻을 모았기 때문에 하느님 아버지를 찾든지 천지신명을 찾든지 하는 것입니다. 그리고 나서 "우리가 모르고 지은 죄이니 용서해 주세요.", "오늘 이렇게 모여서 저희들 잘못을 짚어 보고 공부하니 각자의 근기에 맞게 보살펴 주세요.", "이들이 잘못한 것을 깨우쳐 행한 만큼 기운을 주시고, 함께 헤매고 있는 영혼들이 있다면 다스려 주세요.", "몸이 아파 고통 받는 자들을 근기에 맞게 풀어 주세요. 노력하면서 살고 있습니다." 이렇게 하늘에 축원을 올리는 것입니다. 이렇게 해서 신의 도움을 받을 수 있는 것은 받게 되는 것입니다.

대자연에는 신들이 할 일이 있고, 우리가 할 일이 있습니다. 도움 받을 것은 도움 받고 우리가 노력할 것은 노력해야 합니다. 신께도 우리를 도울 수 있는 명분을 주어 돕게 해야지, 잘못도 뉘우치지 않고 명분도 없이 빌어서 되나요? 교회 밖에 나가면 남을 헐뜯고 욕하면서, 교회에 와서는 손을 살살 닦고 이빨도 싹 닦고 와서 빌면 하느님이 속겠습니까? 속지 않습니다. 우리가 하는 것을 다 보고 계신데 뭘 속겠습니까? 깨끗하게 입고 교회에 와서는 어여쁜 척 한다고 하느님이 속지 않는다는 말입니다. 앞으로는 이렇게 하면 얻어맞아요. 사회가 무식할 때는 어느 정도 봐주어야 했습니다. 하지만 지금은 지식사회입니다. 갖출 것은 다 갖추어 놓고 똑똑할 만큼 똑똑하다고 자부하는 세상입니다. 이때는 무식한 짓을 하면 한 대씩 매를 맞는다는 말입니다. 그러니까 기도하는 원리를 깨우쳐야 합니다.

교회나 절에 가서 앉아 있었다고 기도한 것이 아닙니다. 그곳은 공부하고 회합하고 일주일 동안 내가 잘못한 행동이 있지 않았는가를 찾고 반성하고 노력하는 학교입니다. 잘못한 것을 찾아 알게 되면 "하느님 아버지 제가 잘못했습니다. 모르고 지은 죄도 있고, 알고도 성격이 바르지 못해 한 것도 있으니 조금 다스려 주시고 이끌어 주십시오. 앞으로 더욱 노력하겠습니다." 이렇게 하면 신이 다스려 줍니다.

신은 나의 부모입니다. 천신은 나의 부모, 이 대자연의 에너지입니다. 천지기운, 이것이 하느님입니다. 그러면 부처님은 누구냐? 스승입니다. 스승과 하느님은 다릅니다. 천지대자연의 기운을 천지신명이라고 하는 것이나, 하느님이라고 하는 것이나 모두 똑같은 것입니다. 천지대자연의 에너지를 기운이라고 하는 것입니다. 그 안에 내가 있고 나는 이 대자연의 기운 안에 있는 세포입니다.

그래서 신과 나는 떨어져 있지 않습니다. 그렇게 항상 함께 존재하므로 내 생각과 마음이 어떠한가에 따라서 자동으로 우리를 다스려 주니 내 자신을 먼저 만져야 하는 것입니다. 그러니까 만약 내 친구에게 한마디하고 있다면 이것이 곧 축원을 올리고 있는 것입니다.

내가 하고 있는 말과 행동이 직접적인 축원인 것입니다. 내 주위에 있는 사람에게 잘하려고 하고 그 사람을 위해서 노력하고 있으면, 이것이 천상에 바로 올라간다는 말입니다. 이 세포가 움직이는 것은 바로 흡수되어 버립니다. 그래서 어떤 자리에서든 우리가 하는 행위는 스스로 대자연에 흡수됩니다. 이것이 스스로 축원을 올리는 것입니다.

생활 환경이 산만하여 무언가 못 만지고 있다면 일주일에 한 번이라도 조용하게 마련해 놓은 곳에 가서 반성해 보고, 또 알려 줄 사람이 있으면 거기에도 물어보면서 전부 정리하여 내가 못했던 축원을 또 하는 것입니다. 내가 지금 행동하고 있는 것이 바로 축원입니다. 지금 내가 남의 말을 하고 있다면 그것이 곧 하느님께 올리는 축원임을 알아야 합니다.

잘못은 누구나 할 수 있습니다. 하느님은 그렇게 한다고 벌하지는 않습니다. 하지만 시간이 지나도 계속 그렇게 하고 있다면 "네, 이놈!" 하고 매를 한 대 때리게 됩니다. 오늘 그렇게 했다고 당장 혼내지는 않습니다. 중생이니 그럴 수 있습니다. 인간이니 그럴 수 있습니다. 동물의 육신을 쓰고 있으니까 동물적인 근성도 있는 것입니다. 하느님은 이것을 충분히 감안한다는 것입니다. 그런데 시간이 지나도 계속 동물짓을 하면 "너는 인간이니라, 이놈아!" 하고 선을 넘게 된 것을 가르쳐 주고 인간과 동물이 다르다는 것을 알려 줍니다.
자신의 잘못을 뉘우치고 다시 잘해 보려고 마음을 되돌리는 것이 인간이지만 동물은 가다가 못 돌아옵니다. 이것이 다른 점입니다.

용서를 받으려고 하기보다 혼이 더 안 나도록 하는 것부터 시작해야 합니다. 혼날 짓을 하지 않도록 계속해서 바르게 잡아가면, 빌지 않아도 용서해 주는 것은 물론이고 더 좋게 해 줍니다. 이것을 '천지대자연은 스스로 동動한다'라고 하는 것입니다.

그러니까 지금 우리가 하는 행위들이 기도입니다. 우리는 기도의 새 패러다임을 깨우쳐 바르게 살아가야 합니다. 모일 때는 잘못을 찾아보는 자리가 되어야 합니다. 이렇게 공부를 마치고 가서 단 몇 명만 모이는 자리에 가더라도 이야기를 나누며 서로 도움 되는 말을 해야 합니다. 남을 헐뜯고 비난하는 말을 하면서 도움을 주었다고 생각하지 말고 좋은 대화를 나누며 화합하는 모임을 가지라는 것입니다. 이것이 바른 공부입니다. 그 모임에서 공부하는 것이 전부 다 천상에 올라간다는 것을 알아야 합니다. 그렇게 할 때 각자의 근기에 따라 천지대자연이 보살펴 주는 것입니다. 이것이 인생을 바르게 운용해 나가는 것입니다.
이제는 어디 가서 비굴하게 비는 것은 놓아야 할 때입니다.
비굴하게 빌면서 살지 말고 내 앞에 온 것을 노력하라는 것입니다.

그리고 내가 잘못했어도 상대에게 직접 용서를 구하지 않고 기도나 축원으로 대신하면 용서받을 수 있느냐고 물었죠?
우리 국민은 사과하는 것을 잘못합니다. 잘못한 줄은 알고 뉘우치는데, 상대에게 직접 용서를 구하는 것이 잘 안 됩니다. 왜? 전부 다 대장이기 때문입니다. 자기 자존심이 강한데 이것을 고치려고 해도 버릇이 나쁘게 들어 잘 안 되는 것입니다. 안 되면 그때는 어떻게 해야 되느냐? 방법이 있습니다.
입을 딱 닫으세요. 그리고 빳빳이 들고 다니던 고개를 숙이는 것입니다. 그동안에는 내가 상대를 정면으로 눈을 맞추고 쳐다보았다면 이제부터는 눈의 각도를 땅을 향해 보세요. 그러면 어떤 일이 일어나느냐? 하루, 이틀, 삼일이 지나면 이것이 문리가 일어납니다. 조금 더 잘못했을 경우는 7일, 심하게 많이 잘못한 경우는 21일쯤 그렇게 하면 문리가 일어납니다. 겸손하고 자중하면서 내가 하고 싶은 말들을 지금부터 하지 말고 입을 달으라는 것입니다.

이렇게 해서 내가 간섭할 것도 하지 말고 나에게 보이는 일을 내가 손수 해 가면서 말없이 지내면, 상대의 달혔던 마음이 열리게 됩니다. 상대가 마음이 열려서 "밥 먹었어?" 이렇게 물어오기도 합니다. 그때 "아, 예." 하고 다가가면 상대가 쓱 끌어당기게 됩니다. 이것이 지금 상대가 나에게 들어오고자 하는 문리가 일어난 것입니다. 마음을 열었다는 것입니다. 이렇게 몇 번을 웃으면서 대하며 고개를 조금 숙이고 다니면, 언젠가는 차 한 잔 마실 기회가 옵니다. 그때 "전에 내가 잘못했습니다." 이렇게 말할 수 있게 됩니다.

우리가 이러한 원리를 모르고 지내다 보니까 사람과 꼬여 척을 지고 살았던 것입니다. 사람은 사람끼리 척을 지게 되어 있지 않습니다. 내가 조금 힘이 들 때는 상대를 조금 멀리 하고 내 할 일을 열심히 하고 있으면 정확하게 상대가 다가옵니다. 이때 풀어 가면 되는 것입니다. 이해됩니까? 正

MY JUNGBUB NOTE

MONTH 1 2 3 4 5 6 7 8 9 10 11 12
DAY 1 2 3 4 5 6 7 8 9 10 11 12 13 14 15 16 17 18 19 20 21 22 23 24 25 26 27 28 29 30 31

―――――――――― 지금 나의 환경 ――――――――――

―――――――――― 나의 정법 명언 ――――――――――

―――――――――― 느낌 + 생각 ――――――――――

정법강의 28강 기도하면 잘못을 용서받을 수 있나요?

29
남을 도와주고 싶은데

Q. 스승님께서는 항상 인연을 위해서 도움이 되게 살라고 하십니다. 그런데 제 주위 사람들이나 형제들 중에 조금 어려운 사람이 있어서 경제적으로 좀 도와주려고 해도 네게 들어온 돈을 함부로 쓰지 말라고 하셨기에 이럴 때 참 난감합니다. 어떻게 해야 제 주위 사람들이나 형제들에게 도움이 되게 할 수 있는지요?

강의일자: 2011. 12. 03.

세상에는 물질을 가지고 있는 사람과 물질이 없는 사람이 공존하고 있습니다. 그런데 물질이 없는 사람은 조심을 안 해도 되는데, 물질을 가지고 있는 사람은 굉장히 조심해야 될 것이 있습니다.

경제나 돈을 없게 해놓은 것은 하느님이 없게 해놓은 것입니다. 그러면 하느님이 미워서 없게 해놓았느냐? 그렇지 않습니다.
우리 부모님들이 자식에게 용돈을 안 줄 때, 미워서 그럽니까? 그렇지 않습니다. 마찬가지로 하느님이 너의 조건을 어렵게 만들 때는 너를 사랑해서 그러는 것입니다. 사는 것을 어렵게 해서 노력을 더 하게 하고, 뭔가 다른 생각을 하게 만드는 것입니다.

지금 사는 방법에서 빨리 생각을 전환시켜 삶의 방법을 바꾸라는 것입니다. 그런데 계속 고집을 부리면서 바꾸지 않으면 점점 더 어려워집니다. 그리고 어렵다 보니까 나중에는 누가 좀 주기를 바라는데 안 줍니다. 만약 그것을 주면 주는 사람 것까지 다 뺏어버립니다.

부모는 이유가 있어서 자식을 어렵게 해놓았는데, 형이 뒤에서 살살 도와주는 것이 아버지에게 걸리면 도와준 형 것도 싹 뺏어버린다는 말입니다. 그래야 아버지가 하는 일을 방해하지 못하는 것입니다.

그렇다고 물질을 아예 주지 말라는 소리가 아닙니다. 주려면 바르게 주라는 것입니다. 물질이 있는 사람은 어려운 상황을 보면 항상 안됐다는 생각을 하게 만들어져 있습니다. 그러니까 물질을 조금 도와주고 싶어합니다. 그렇다면 도와주는 방법이 어려운 사람에게 뭔가를 시키고 대가를 주어야 합니다. 시키지도 않고 그냥 주면 네 것도 다 뺏어버린다는 사실입니다. 앞으로 인본시대, 정법시대에는 정확하게 이런 일들이 일어납니다.

과거에는 어떻게 했어도 괜찮았는데 앞으로는 정확하게 가야 합니다. 그래서 도와주고 싶다면 일을 좀 시키고 그 대가를 주라는 것입니다. 그러므로 물질을 준 것은 네가 도와준 것이 아닙니다. 그러니 네가 도와주었다고 잘난 척을 못하는 것입니다.

저 사람을 없게 해놓은 것은 네가 도와주면서 잘난 척 하라고 없게 해놓은 것이 아닙니다.

그리고 물질이 있으니까 남을 돕고 싶은 생각이 들지, 없으면 못 줍니다. 조금 있는 것을 나누어 먹고 상대를 돕는다고 하는데, 그것은 잘난 척을 하는 것이지 돕는 것이 아닙니다. 너에게 준 것은 너나 잘 쓰세요. 왜 남의 일에 간섭을 합니까? 냉철해야 됩니다. 그것이 상대를 돕는 것입니다.

지금 자신에게 경제가 없는 것을 뼈저리게 느끼고 경제가 없음으로 인해 섭섭함을 느낄 때, 열심히 살려는 마음이 생기는 것입니다. 그런데 그냥 경제를 자꾸 주면 여기에 맛이 들어 버릇이 나빠집니다. 도운 것이 오히려 상대의 인생을 망치는 것입니다. 남의 인생 망쳐 놓고 남을 도와주었다고 하면 안 되는 것입니다.

다시 말해서, 상대가 나에게 도와 달라고 하면 그때 도움을 주되 조건을 걸어야 합니다. 조건을 걸 것이 없으면 주지 마세요. 나에게 부탁을 하러 왔다면 나도 뭔가 조건을 하나 걸어서 부탁할 것을 하나 만들어 맞교환이 되어야 한다는 것입니다. 절대로 물질을 그냥 주면 안 됩니다. 이것은 대자연의 법칙에 어긋나는 것입니다. 그리고 상대를 진짜 돕는 것은 돈을 주는 것이 아닙니다. 그 사람을 관심 있게 잘 살펴서 '그 사람이 무엇을 해야 되는가?' 이런 것을 보아야 합니다. 그래서 상대가 하는 것을 잘하게 도와주고 이것을 같이 쓰는 것은 좋습니다.

그런데 그냥 덜렁 돈을 주면 어떤 결과가 나오느냐? 자꾸 얻어 쓰기 시작하면 자기계발이 안 되기 때문에 계속 얻어 쓸 생각하게 됩니다. 한 번 빌리기 시작하면 평생 동안 남의 돈을 빌리러 다녀야 합니다. 자기가 해결을 못하고 나중에는 거짓말까지 해 가면서 빌리러 다닙니다. 왜? 안 빌려줄 때는 거짓말을 좀 해야 또 빌려주기 때문입니다.

그 사람을 평생 동안 그런 사람으로 만들어 버리는 것은 내가 잘못한 것이기 때문에 나중에는 내 뒤통수까지 때리는 일이 생기는 것입니다. 돈을 빌리러 다니는 사람에게는 내가 확실하게 거절을 하거나 혹은 똑바르게 빌려줌으로써 그 사람의 버릇을 잡을 수 있습니다. 그러면 하느님을 돕는 것이 됩니다. 부모님을 돕는 것이 된다는 말입니다.

부모님이 안 그래도 그 버릇을 잡으려고 어렵게 해놓았는데, 내가 그 버릇을 고쳐 주어 가면서 그런 행위를 하면 부모님이 좋아합니다. 그리고 잘한다고 거기에다 줄 경제를 나에게 밀어줍니다. 뒤를 더 대주면서 그렇게 해 달라고 부탁을 합니다. 그러니 이런 것을 알고 돈을 바르게 쓸 줄 알아야 합니다.

물질을 가진 사람은 다른 사람들을 위해서 살아야 하는 의무도 가지고 있습니다. 그런 것을 상세히 보면서 사람들이 살아가는 길도 살살 이끌어 주는 역할을 해내야만 된다는 얘기죠. 그러니 물질을 함부로 남에게 그냥 주지 마세요. 그러면 정확하게 내가 뒤통수를 맞습니다. 나에게 돈을 빌려 가고 도움을 받은 사람이 나중에 보면 내 욕을 하고 다닙니다. 이것은 정확하게 일어나는 일들입니다. 해서는 안 되는 일을 했다는 것입니다. 이해가 돼요?

MY JUNGBUB NOTE

MONTH 1 2 3 4 5 6 7 8 9 10 11 12
DAY 1 2 3 4 5 6 7 8 9 10 11 12 13 14 15 16 17 18 19 20 21 22 23 24 25 26 27 28 29 30 31

―――――――――― 지금 나의 환경 ――――――――――

―――――――――― 나의 정법 명언 ――――――――――

―――――――――― 느낌 + 생각 ――――――――――

정법강의 29강 남을 도와주고 싶은데

정법강의 JUNGBUB LECTURE

30-31
이 시대 아버지 像과 여성

Q. 오늘날 우리나라 50대 이상의 남자들은 그동안 열심히 일을 하다 보니 사회적으로는 성공했지만 가족들에게는 아버지로서의 역할을 제대로 하지 못했고 자녀들이 성장하여 독립을 하다 보니 아버지의 역할이 많이 줄어들고 있습니다. 그러다 보니 아버지들은 소외감도 느끼고 또 회의감마저 느낀다고 합니다. 진정한 아버지상은 어떠해야 하는지요?

강의일자: 2011. 04. 09.

참 만지기가 까다로운 질문입니다. 여자상像은 많이 그리는데 남자상像이 없죠? 남자들이 지금까지 무엇을 했는가를 살펴보아야 합니다.

2차 세계대전 이후 격동의 세월을 겪은 우리나라 남자들은 성장하기 위해 열심히 노력하던 시대를 살았습니다. 나라를 폐허로 만들어 놓고 다시 시작하게 했던 것입니다. 이럴 때 열심히 살아오던 남성들이었습니다. 그때는 남자가 참 보기도 좋았고 우러러보이고 항상 집에서 권위가 있었습니다.
왜? 돈이 있어야 사는데, 돈을 벌러 나가는 사람이 남자니까 절대적인 존재였습니다.

지금은 그 남자들이 1차적으로 할 일을 다한 상태입니다. 1차적인 일을 다하고 나면 2차적인 일로 들어가야 합니다. 1차적인 일을 할 때는 남자가 전부 다 돈 벌어오는 기계였습니다. 남자가 돈을 벌어와야지 우리 가정이 잘살 수 있는 그런 때였습니다. 그래서 집안을 일으키기 위해서 팀워크를 맞추어 걸어왔던 것입니다. 그런데 뭔가 어느 분야가 빠지다 보니까 절름발이가 되어 버린 것입니다.

이것이 무슨 말이냐? 남자들이 밖에서 열심히 일하는 동안 여자들은 집안에서 내면을 갖추고 내조를 할 수 있는 실력을 갖추어야 했는데, 이것을 하지 않았다는 것입니다. 물론 이것을 가르쳐 준 사람이 없었습니다.

남자가 바탕을 이루고 나면 집에서 실력을 갖추고 있던 여자들에게 할 일이 주어지는데 이것이 얼마나 중요한지를 모른 것입니다. 그러다 보니 집에서 밥을 한다든지, 안 그러면 집안 건사를 한다든지, 자식을 키우는 데만 힘을 쓴다든지, 쇼핑이나 다니고 또 취미생활을 한다면서 꽃꽂이를 배우고 했던 것입니다.

그러다가 시간이 가고 남자들이 어느 정도 나라를 일으킬 수 있는 일을 다 끝내고 그만한 것을 이루고 나니, 무엇을 해야 될지 모르는 사태가 벌어진 것입니다.

여자들이 갖추어 놓았어야 내조를 하는 것입니다. 남자들이 이루어 놓은 것을 가지고 어떻게 운용해서 빛을 낼 것인지 이런 내조를 해야 되는데, 여자들이 이것을 못 갖춘 것입니다. 이것이 뭔지도 아직까지 모르고 있습니다.

그래서 남자들이 1차적인 일을 끝내 놓고 그 다음에 어떻게 해야 할지를 모르니까 당연히 지금 남성상이 없는 것입니다. 2차적인 일을 할 때 '상像'이 나오는 것입니다. 1차적인 일을 끝낼 때까지는 '상'이 없습니다. 나를 갖추는 동안에는 상이 없는 것입니다. 이제부터 무엇을 하느냐에 따라 '상'이 나옵니다.

지금은 여자도 상이 없고 남자도 상이 없습니다. 여성상은 어디 있고 남성상은 어디 있나요? 그렇기 때문에 이 나라는 지금 암울한 것입니다. 이제는 빠른 시간 안에 여성상을 만들어야 합니다. 이때까지 못 했다면 지금부터라도 바르게 정리해서 공급하면 됩니다. 모두 기본은 되어 있으니 받아들이기만 하면 만들어질 것입니다. 그래서 이런 공부를 꺼내어 여성상을 이루어 내고 남성상을 이루어 내야 합니다.

지금 여성상이 없다 보니 어떤 일이 벌어지느냐?

남자들이 다 이루고 나니 시기적으로 여자들이 사회로 나올 때가 된 것입니다. 여자들이 나를 갖추고 바르게 사회에 나왔다면 음양의 이치가 맞습니다. 그런데 여자들이 갖추지도 않고 때가 되어 그냥 사회에 나오니까 여성 CEO라는 현상이 일어납니다. CEO는 고급 일꾼입니다. 원래 여자들은 일꾼이 아닙니다. 여성상은 모母의 상입니다. 그러면 모는 무엇이냐? 만백성의 어머니라는 소리입니다. 여성들이 어른이 되면 만백성의 어머니가 되어야 합니다.

어머니가 되면 어떻게 해야 되느냐? 내 자식들이 어렵게 살면 괴로워 죽는 것처럼, 백성들이 어려우면 내가 괴로워 죽어야 되는 것입니다. 이것이 어머니상입니다. 백성들이 힘들어 하면 어머니가 더 힘든 것입니다. 자식이 힘들면 아버지보다 어머니가 더 힘듭니다.

이 나라의 백성들이 어려우면 최고 마음 아픈 사람이 누구예요? 제일 마음 아파하는 사람이 남자들입니까, 여자들입니까? 마음 아픈 것을 먼저 느끼는 사람은 여자입니다. 하지만 여자들이 이것을 해결해 줄 수 있습니까? 지금 해결하지 못하고 있습니다. 이것을 이 나라의 어머니들이 해결해야 됩니다. 해결하는 방법은 어려운 곳을 살펴서 같이 머리를 맞대고 연구를 해야 됩니다. 머리를 맞대라고 지금 밖으로 나오는 것입니다.

우리가 배울 때만 해도 대학을 다니고 대학원을 다녔어도 여자들이 집안에 있었습니다. 지금은 사회로 나오고 있는 시대입니다. 예전에는 석사 아니라 박사였어도 대부분이 집안에 있고 기껏해야 친구를 만나는 정도였는데 지금은 여성 모임 단체로 전부 나오고 있습니다.

이것이 무슨 소리냐? 개인적으로 각자 배울 것은 다 배웠으니까 나와서 모이는 것입니다. 자기 것을 다 갖추고 나면 모이기 위해서 밖으로 나오는 것이 지금의 모임 문화입니다.

이 사회가 온통 모임 문화입니다. 그런데 무엇을 위해 모이고 있는가를 모르고 있습니다. 지금 여성 단체들이 모이는 것은 당신들이 해야 될 일이 분명히 있기 때문에 모이는 것입니다. 이것을 찾지 못해 이 나라에 빛이 나지 않고 여성 단체에도 빛이 나지 않습니다.

다 성장한 사람들이 모인 이것이 핵입니다. 핵! 엄청난 에너지가 모인 것인데 모여서 무엇을 해야 될지 모르니 아무것도 생산하지 못하고 있는 것입니다. 여기에서 자기 일을 하면 이 세상에 엄청난 빛이 나오고, 이 빛이 만백성에게 거름이 되고 영양분이 됩니다. 이렇게 하면 여성들이 존경받게 되는데 이런 것들을 지금 준비하는 사람도 없고, 하고 있는 사람도 없고, 아는 사람도 없습니다.

여성들이 이런 문제들을 빨리 잡아 연구하고 바르게 설계해서 발표하면 남성들이 2차적으로 할 일이 생기는 것입니다. 남자들이 왜 지금 할 일이 없느냐? 여자들이 할 일을 하지 않기 때문입니다. 남자들이 그동안 사회에 이루어 놓은 것을 가지고 무엇인가 할 수 있도록 설계를 해야 되는데, 여자들이 이것을 안 해주니까 남자들에게 2차적으로 할 일이 안 나오는 것입니다. 참 묘한 일입니다. 이것을 설명하려면 앞뒤가 다 나와야 가닥이 잡히는 것인데, 아직 경험들을 하지 않았으니까 지금은 가닥을 잡기가 어려울 것입니다.

지금은 여성들이 창출을 일으켜야 되고, 그러기 위해서 머리를 맞대고 뭔가 작업을 시작해야 합니다. 이것을 이 사람이 도와주려고 하는 것입니다.

어떤 여성 단체든지 자기 일을 바르게 찾으면 이 나라에 엄청난 빛이 납니다. 그렇게 되면 남성들이 여성들을 다시 쳐다보게 되는 놀라운 일이 생깁니다. 앞으로 이런 일을 해야 됩니다. 그러면 남자들이 2차적으로 이 프로젝트 콘텐츠를 가지고 해야 할 일이 산더미처럼 많아질 것입니다. 그리고 음양의 이치가 맞아서 바른 아버지상과 어머니상이 나오게 됩니다.

이제 '상'이 나오게 될 것입니다. 재산을 끌어모으는 데는 '상'이 나오지를 않습니다. 열심히 출퇴근해서 월급봉투 갖다 주는 것이 '상'이 아니잖아요? 그리고 집에 들어가서 아이가 자고 있으니까 이불 덮어 준다고 아이 얼굴 한번 바라본다고 상이 되는 것도 아닙니다. 아이가 볼 때 부모님이 훌륭한 일을 하실 때 '아버지 상', '어머니 상'이 생기는 것입니다.

지금 여성들이 밖으로 나오기는 하는데 자신이 무엇을 해야 할지를 모르는 것입니다. 그리고 갖추어 놓은 것이 없다 보니까 남자들만큼 배웠다고 CEO가 되기 시작합니다. CEO라고 하면 경영자죠? 그래서 여성들이 경영자가 되기 시작합니다.

지금 잘 보십시오. 여성 CEO가 이런 식으로 사회에 나오면 남자들은 설 자리가 없어집니다. 여성 CEO들이 많이 나오면 남자들이 사장이 될 기회가 적어집니다. 남자들이 해야 할 일을 여자들이 하겠다고 나오는 것입니다. 여자들이 사회에 나와서 살살 웃어가면서 일을 하면 잘 봐줍니다. 그러니까 남자들이 설 자리가 없어지는 것입니다.

이제 남자들이 무엇을 해야 될지 모르는 것입니다. 그리고 경쟁을 하면 남자들이 여자들을 당할 수가 없습니다. 여자들은 미인계도 쓰고 말도 잘하지만, 남자들은 무뚝뚝한데다가 생긴 것도 메주 같아서 갖다 대면 상대가 안 됩니다. 그래서 남자들이 지금 밀리는 것입니다. 또 같은 여성 CEO라고 해도 오행이 잘생기고 말도 잘해야 잘 되지, 못생긴 사람이 나오면 안 됩니다. 묘합니다. 이 나라는 오행이 갖추어지지 않은 사람이 나오면 앞에서는 "예, 예." 하는 것 같아도 뒤에서는 이루어지지 않습니다.

그런데 지금은 여성 CEO들이 잘되고 있는 것 같지만 그 안을 쳐다보면 그렇지 않습니다. 앞으로 여성 CEO들이 전부 다 몰락하는 시대가 옵니다. 지금까지는 여성 CEO들이 상승세로 올라왔지만 이제부터는 내려가기 시작합니다. 지금부터 일부층에서는 전부 다 고배를 마십니다. 좀 되던 것이 부딪치기 시작하고 뚫고 나가려고 해도 뚫리지를 않고 사기도 당하고 이런 일이 막 생깁니다.

왜 이런 현상이 올까요? 이것도 이제 우리 여성들이 풀어보아야 합니다.

여성들은 밖에서 어려운 것을 경쟁하며 올라온 사람들이 아닙니다. 집안에 있었던 사람들입니다. 그런데 남자들이 그동안 고생해서 다 일으켜 놓은 것을 쳐다 보니, 어렵지 않을 것 같아 그냥 나와서 합니다.

그러면 기업은 어떻게 되느냐?

처음에는 남자들이 "아, 예. 사장님." 하면서 잘해 줍니다. 그래서 여성 CEO는 자기 주위에 남자들로 포지션을 만듭니다. 처음에는 남자들이 따라 줍니다. 그러다 조금 있으면 전부 자기 이득이 생각나는 것입니다. 그래서 여자들 모르게 뒤에서 남자들이 작업을 합니다. 이때 여성 CEO는 한방에 당합니다.

여자들은 그것을 모르는 것입니다. 눈앞에서는 잘 따르니까 "오~ 우리 김과장, 우리

전무님~" 하면서 잘 대해 주지만 조금 있으면 남자들이 뒷작업을 하게 됩니다. 그러면 여자는 남자들에게 정확하게 당해서 쓴 고배를 마시고 무너집니다. 그럴 때 발버둥을 칩니다. 그리고는 기껏 한다는 말이 "어떻게 나에게 이럴 수가 있지?" 하며 맨날 법원에 쫓아다닙니다. "어떻게 나한테 그럴 수가 있지? 나는 사람을 그렇게 안 봤는데..." 맨날 이 말밖에 안 합니다. 당했다는 것입니다.

그 사람을 모를 수밖에 없습니다. 사회가 성장해 나오는 것을 경험하기를 했나, 저 사람들 속을 알기를 하나, 그들의 근성을 알기를 하나... 조금 잘 대해 주니까 좋다고 옆에 두고 내 것을 전부 다 맡기고 비밀도 없이 털어 놓고 의논까지 했는데, 사기치고 자기 것으로 만드는 것은 아주 쉬운 일입니다.

자기의 분별이 부족한 것은 모르고 믿었던 사람에게 당했다고 하는 것입니다. 믿는 사람에게 당하지, 안 믿는 사람에게 당하나요? 세상에 절대로 그런 법이 없습니다. 믿는 사람한테 당합니다. 믿었는데 알고 믿었느냐? 모르고 믿었으니까 당하는 것입니다. 사람을 몰라요. 우리 국민은 아직까지 여자는 남자를 모르고 남자는 여자를 모릅니다.

인류는 이 나라를 모르고 이 나라도 인류를 모릅니다.

우리나라가 참 묘한 나라입니다. 2차 세계대전이 있기 전에는 일본이 이 나라를 최고 잘 알았습니다. 구석구석 다 알았습니다. 집안에 숟가락 몽뎅이가 몇 개 있는지, 고문으로 몸을 쥐어짜면 무슨 소리를 하는지까지 다 알아 보았으니까요. 그런데 지금은 일본도 한국을 전혀 모릅니다. 그러면 우리는 인류를 아느냐? 우리도 몰라요. 그런데 우리는 조금만 관심을 가지고 연구하면 알 수 있습니다. 알 수 있을 만큼 인류의 모든 지식과 문화를 쓸어 마셨기 때문에 모여서 이것을 다시 짚어 보고 정리하면 인류를 정확하게 알게 되어 있습니다.

우리는 국제사회가 어떤 사회인지, 각 나라는 어떤 약점과 강점을 가지고 있고 무엇을 하면 되는지를 정확하게 파악할 수가 있지만, 국제사회는 이 나라를 전혀 모릅니다. 왜? 국제사회는 이 나라의 문물을 먹은 적이 없습니다. 우리는 인류가 생산하고 일으킨 문화와 지식을 먹고 자란 세대입니다. 전쟁 이후 폐허 속에서 인류의 모든 것을 흡수하며 살아왔지만, 국제사회는 우리 것을 아무것도 흡수한 적이 없기 때문에 우리를 모르는 것입니다. 이것이 대자연의 법칙입니다.

그래서 국제사회는 우리를 모르기 때문에 우리를 위해 일할 수가 없습니다. 일은 아는 자가 하는 것입니다. 우리 국민들은 타고난 저마다의 소질을 가지고 일을 해왔기 때문에 모여서 바르게 풀면 알게 되어 있습니다.

인류를 위해서 일할 수 있는 민족은 우리밖에 없습니다. 모든 것이 꼬여 있고, 잘못 풀고 있는 인류의 문제를 2차적으로 풀어 갈 수 있는 민족은 우리밖에 없다는 말입니다. 우리가 그 일을 할 때 인류의 지도자가 되고 인류에 필요한 사람이 되는 것입니다. 이런 일을 하지 않으면 우리는 할 일이 없습니다. 이야기를 하다 보니 국제사회와 인류로 가 버렸는데, 지금 이 사회 안에서부터 먼저 풀어 가야 합니다. 우리는 인류의 모든 문물을 들여와서 만져 보고 쓰면서 모순이 있다는 것을 알게 되었습니다. 이것을 해결하고 이끌어 가는 열쇠는 이 민족밖에 없습니다. 지금 이 나라에서 일어나는 모순을 풀어야 인류의 문제도 풀어 줄 수 있고, 그것이 인류의 콘텐츠가 되는 것입니다.

간단하게 답을 말하면, '복지'가 앞으로 이 사회의 화두가 될 것입니다. 이 나라의 복지 문제를 바르게 풀지 못하면 한 발자국도 앞으로 나가지 못합니다. 복지 문화를 새로운 패러다임으로 바꿔야 합니다. 이것은 우리나라 여성들이 해야 하는 일입니다. 여성들이 머리를 맞대고 복지 문제를 바르게 이끌어 나가야 합니다.

자식이 아프면 누가 가슴이 먼저 아프다고 했나요? 여성들입니다. 가슴이 먼저 아프다는 것은 그 안에 당신 일이 있기 때문입니다. 남자들은 여자만큼 가슴이 아프지 않습니다. "세상 꼬라지가 왜 이러노?" 이렇게 말하지, 가슴 아파하고 눈물 흘리지 않습니다. 복지의 신 패러다임을 잡아 나가는 것은 여성들이 머리를 맞대어 연구해야 합니다. 그렇게 해서 복지 패러다임이 나오면 남성들이 뒷받침을 합니다.

이 사회가 성장하면서 만들어졌던 어둡고 그늘진 곳을 살펴서 점검하고 정리하는 일이 이 나라의 여성들이 해야 할 일입니다.

이렇게 하고 나면 2차 도약이 일어납니다. 우리가 성장 발전하는 동안 오만 가지 잘못된 것들이 이 사회에 잔재되어 있습니다. 1차적인 성장이 끝났다면 성장 과정에서 잘못된 것들을 어느 정도 점검하고 만져야 그 다음 2차적인 일을 할 수 있는 것입니다. 1차적인 성장을 했는데도 불구하고 사회 곳곳에 그늘지고 어려운 문제들이 많다면, 대자연이 2차 도약을 하게끔 해 주지를 않습니다. 2차 도약을 하기 위해서라도 빨리 점검하고 정리해야 합니다. 그러면 도약은 저절로 일어납니다.

지금 해결하지 못하고 있는 일들을 여성들이 나서 주어야 합니다. 세밀하게 관찰하고 섬세하게 만져야 되는 지적인 일이기 때문에 남자보다 여자들이 해야 하는 것입니다. 이런 일들을 1차적으로 여성들이 해 주어야 합니다. 그 다음 일은 지식인과 엘리트들이 해야 합니다.

그들이 해야 할 일이 무엇이냐? 인류대민봉사 준비를 해야 합니다. 이것이 왜 중요하냐? 중소기업이 지금 어렵다고 하죠? 이들을 어렵지 않게 하는 방법이 이 프로젝트 안에 있습니다. 중소기업들이 본연의 일을 해야 합니다. 그런데 자기 할 일을 하고 있지 않고 장사꾼이 되어 장사를 하고 있습니다. 전부 다 장사치가 된 것입니다. 중소기업 사장은 사업가가 되어야 합니다. 사업가로 변해야 한다는 이야기입니다.

이것을 잘 이해해야 합니다. 크게 가닥을 잡으면 인류대민봉사 프로젝트를 잡는 것이 중소기업 문제를 해결하는 방법이고, 작게 잡으면 안에서 복지사회를 이끌어가는 복지 신패러다임을 일으켜서 콘텐츠를 만들어 주어야 합니다. 그러니까 기업을 바르게 운영할 수 있는 길을 열어 주어야 하고, 복지사회를 바르게 이끌어 나가는 길을 열어 주어야 합니다.

이 두 가지를 바르게 잡으면 교육 문제와 환경 문제가 바르게 잡히고 전부 해결되기 시작합니다. 교통난과 주택 문제도 해결되기 시작합니다. 사람들이 대도시로 몰려오는 편중된 사회도 전부 정리가 됩니다. 그리고 실업자가 단 한 명도 없는 사회를 만들 프로젝트가 이 안에 있습니다. 실업난도 우리의 할 일을 못 찾아서 일어나고 있는 것입니다. 통일문제도 이 프로젝트 안에서 풀리게 됩니다. 총체적인 문제가 전부

이 두 가지에서 막혀 있기 때문에 아무것도 풀 수 없었던 것입니다.

이 나라가 잘되려면 기업이 잘되어야 합니다. 그런데 기업이 성장은 했으나 성공하지는 않았습니다. 이제 밖으로는 성공 시대를 열 수 있도록 이끌어야 하고, 안으로는 어려움을 없앨 수 있는 복지 패러다임을 바로 잡아야 합니다. 이것이 이 나라가 가야 될 두 개의 축입니다. 이것을 풀게 되면 아버지상과 어머니상도 바르게 나오게 되고 이 일을 할 때 우리의 민족상도 나오게 됩니다. 지금 이 민족의 상이 있습니까? 없습니다. 우리 민족의 상이 없습니다. 국제사회가 우리를 어떻게 보아야 될지 이 상이 아직 나오지 않았습니다. 이 상이 나와야 합니다. 그리고 가정에서의 아버지상이 나와야 하고, 나라에서의 남성상과 여성상이 나와주어야 합니다. 지금 이 두 마리 토끼를 잡아야 합니다. 正

MY JUNGBUB NOTE

MONTH 1 2 3 4 5 6 7 8 9 10 11 12
DAY 1 2 3 4 5 6 7 8 9 10 11 12 13 14 15 16 17 18 19 20 21 22 23 24 25 26 27 28 29 30 31

―― 지금 나의 환경 ――

―― 나의 정법 명언 ――

―― 느낌 + 생각 ――

정법강의 30-31강 이 시대 아버지 像과 여성

정법강의 JUNGBUB LECTURE

32-33
이 시대의 효

강의일자: 2011. 12. 01.

우리가 살면서 지금까지 배웠던 효는 "부모님 봉양 잘하고, 말씀 잘 듣고, 용돈 많이 드리고, 또 어깨 주물러 드리면서 말동무 해 드리고 마음 편하게 해 드리는 것입니다." 라고 많이들 이야기했습니다.

이제 효에 대한 근본을 다시 잡아 보겠습니다.
효는 과거의 효가 있고 오늘날의 효가 있는데 우선 과거의 효를 살펴보면, 과거에는 효행상이 있었습니다.
그럼 효행상을 어떤 사람에게 주었느냐? 몇십 년 동안 부모님을 잘 봉양해야 효행상을 주었습니다. 부모님이 몸이 아파서 똥오줌을 못 가려도 도망가지 않고 그 수발을 다 드리니까 나라님이 효비도 세워 주었습니다. 이것이 과거의 효행입니다.

과거에는 집에서 크게 벗어나지 않고 집 테두리 안에서 살았습니다. 그런데 과거科擧에 급제를 하면 나라 일을 한다고 한양으로 갑니다. 그러면 굉장히 높은 사람이 됩니다. 높은 사람이 되면 궁에 가서 나라 일을 하느라고 집에 자주 못 오고, 부모님 어깨도 매일 못 주물러 드립니다. 그렇게 되면 이 사람은 효자가 아닌 것이 됩니다.

효행상을 받고 효비를 받으려면 집안에 대대로 할머니가 어려워지고, 또 시어머니가 어려워져서 계속 뒷바라지를 해야만 효비가 내려왔습니다. 2~3년 뒷바라지했다고 효비를 내려 주는 것이 아닙니다. 윗대부터 시작해서 계속 그런 식으로 부모님을 봉양하고 있어야 효비를 준다는 말입니다.

그런데 오늘날 지식사회에서는 이 자체를 분석해 보아야 합니다. 며느리가 할머니도 봉양하고 시어머니도 봉양했다면 둘 다 아픈 것입니다. 집안에 아픈 사람만 자꾸 나오니까 며느리는 계속 그 뒷바라지를 하느라 자기 인생은 하나도 못 살게 됩니다. 이러면 듀엣으로 놀고 있는 것이 됩니다. 며느리는 결국 자기 인생을 제대로 살지도 못하고 부모님 똥오줌 받아내기 위해서 태어난 것밖에 안 됩니다. 아직까지 이것을 효도라고 이야기한다는 말입니다.

그런데 이것은 효도가 아닙니다. 여기에서 우리가 밝혀야 될 것이 있습니다.

왜 부모님이 아픈가? 부모님이 이렇게 아픈 것은 자식이 할 일을 못해서 아프다는 사실입니다. 다시 말해, 자식을 깨우치게 하려고 지금 부모님이 아픈 것입니다. 자식을 잘못 키워서 자식이 자기 할 일을 바르게 못하니 부모님이 벌을 받고 있는 것입니다. 그렇기 때문에 부모님을 주무르고 있을 것이 아니라 우리 부모님이 왜 이렇게 계속 아프신지 고민하고 그 원인이 어디에 있는지 찾아야 합니다.

만일에 부모님이 아픈 이유를 한 3천 년 전에 찾았더라면, 3천 년 전과 후의 사람들 삶이 달라졌을 것입니다. 그런데 3천년이 지난 오늘날도 이것이 효인 줄 알고 자꾸 그렇게 하다 보니까 3천 년이 지난 오늘날도 이것을 깨우치지 못해 부모님은 계속 병들고 자식은 계속 약을 사서 나르고 있는 것입니다.

인류에서 최고의 지식시대를 살아가는 오늘날의 우리는 이제 이런 것을 깨우쳐야 합니다. 그래서 우리 후손들이 두 번 다시 이런 잘못을 저지르게 해서는 안 됩니다. 부모님이 계속 이렇게 아프도록 만들어서도 안 되고, 또 내가 아파서 자식이 고생하도록 만들어서도 안 됩니다. 오늘날 인류 최고의 지식을 갖춘 이 시대에는 이런 것을 깨우쳐 주어야 되는 지식인들이 나와야 합니다. 이것이 '선지식인'입니다.

그러니까 효의 근본은 부모님을 기쁘게 해 드리는 것입니다. 다시 말해, 부모님을 슬프게 하면 불효가 되고 부모님을 기쁘게 하면 효가 됩니다. 그러면 부모님이 어떻게 하면 기쁠 것이냐? 부모님이 기쁜 원리는 내 자식이 바르게 살아 주는 것입니다.

자식이 부모에게 효도하는 것도 단계가 있습니다. 자식이 아주 질량 좋은 일을 해서 이 사회를 위해 널리 득 되게 살고 사람을 이롭게 하면서 존경을 받으면 부모님이 기쁘겠지요. 그런데 내 자식이 공부를 시켜서 잘 키워 놓았는데 부모님 옆을 안 떠나려고 합니다. 궁에서 임금님이 나라 일을 좀 하라고 들어오라고 하는데, "나는 효도를 해야 되니까 부모님 곁을 못 떠납니다." 하면서 부모님 곁을 지키고 있으면 부모님이 기쁘겠어요, 슬프겠어요? 이러면 부모가 슬퍼집니다. 그리고 부모가 아파져요. 왜? 내 자식을 공부시켜서 질량 있는 사람으로 키웠다면 자식은 큰일을 하러 떠나 주어야 합니다. 집안에서는 큰일을 못합니다. 그러니 떠나 주어야 한다는 것입니다.

작은 일을 하면 집에서 가까운 곳으로 떠나고, 큰일을 하면 멀리 떠나는 것입니다. 그래서 더 큰 일을 하면 국제적으로 쫓아다니느라 집에 자주 들어올 수 없지만, 동네 일을 하면 매일 출퇴근이 됩니다. 국제적으로 크게 이로운 일을 하면서 살면, 국제사회에 나가서 할 일이 많기 때문에 국내에 잘 들어오지 못하니까 부모님 옆에 많이 있을 수 없게 됩니다.

그렇지만 내 자식이 사회를 위해서, 나라를 위해서, 인류를 위해서 큰일을 하니까 이 나라가 살기가 좋아지고 백성들 삶의 질이 좋아집니다. 그러면 사람들로부터 존경을 받게 되고, 내 자식이 존경을 받게 되면 부모님이 기쁩니다. 그렇게 해서 효를 하는 것입니다.

효는 부모님을 기쁘게 해 드리는 것인데, 그렇게 하는 제일 정확한 방법은 내 자식이 잘 성장하여 이 나라를 위하고 백성을 위하고 나아가 인류를 위해서 득 되게 살고 널리 이롭게 하며 살아줄 때 부모님은 즐겁고, 기쁘고, 행복하게 됩니다.

부모님을 행복하게 해 드리면 효자거든요. 효자는 되고 싶다고 되는 것이 아니고 대자연이 스스로 나를 효자로 만듭니다. 그래서 부모님은 아프지 않습니다. 아주 기쁘고 좋은데 어떻게 아프겠습니까!

그리고 이렇게 되면 내가 부모님을 모시지 않아도 나를 존경하는 사람들이 부모님을 모시고 받듭니다. 내가 바른 일을 잘하니 백성들이 내 부모님을 받들고 존경하는 것입니다. 그리고 백성이 내 부모님을 아프게 가만히 놓아두지 않습니다. 이제는 내가 아니라도 나를 존경하는 사람이 가서 대신 주물러 드립니다. 나는 혼자 가서 주물러 드리지만 나를 존경하는 사람이 수만 명이 되면 하루에 열 명씩도 찾아 가서 주물러 드릴 수 있습니다. 하지만 주물러 드릴 일이 없습니다. 부모님이 아파야 주물러 드리지요. 이것이 효가 되는 것입니다.

크게 지적인 일을 하는 사람들이 부모님을 위하는 것은 부모로부터 멀리 떠나서 큰일을 하는 사람이 되는 것입니다. 그렇게 했을 때 부모님이 아프지 않고, 결국 이것이 진정 효를 행하는 것입니다. 부모님은 나를 낳아주고 뒷바라지해서 성장시켜 주면 이것으로 감사한 것이지, 부모님에게 집착을 해서는 절대 효를 못 합니다.
내가 사회를 위하고, 백성을 위해서 일을 해야 부모님에게 효가 됩니다. 그리고 더 나아가 나라를 위하고 인류를 위해서 일을 하면 더 큰 효를 일으키는 것입니다. 효는 이런 것이지 부모님한테 집착해서 내 손으로 약을 사서 나르고 주물러 드리는 것은 효가 아니라 오히려 불효가 된다는 말입니다. 왜? 내가 그렇게 하면 부모님은 시간이 가면 갈수록 더 아파지기 때문입니다. 부모님은 나를 잘 키워 주셨으니 나는 이제 사회에 뜻있고 보람 있는 일을 해서 인류에 꽃을 피워낼 때, 이것이 부모님께 효를 행하는 것입니다. 지금 당장만 생각하면 부모 곁을 떠나지 못합니다. 그러나 내 부모밖에 모르는 사람이 어떻게 나라를 위해서 살겠습니까?

마찬가지로 내 자식만 위하는 사람은 자식을 위해서밖에 살지 못하지만, 이 사회를 위해서 사는 사람은 스스로 내 자식을 위해서 살고 있는 것입니다. 내 자식이 바르게 살고 삶의 질을 좋게 해 주려면 살기 좋은 사회를 만들어 내야만 내 자식 또한 살아가기 좋은 세상이 열리는 것입니다.

그리고 자식에게 돈 준다고 다 되는 것이 아닙니다. 자식을 위한다고 돈을 주면 내 자식을 죽이는 것입니다. 내 자식이 살아

나갈 사회의 환경에 힘쓰면, 스스로 잘 살 길을 만들어 주었기 때문에 그것이 자식을 위하는 길이 됩니다.

그런데 우리는 지금까지 내 자식을 위해서 어떻게 해 준다고 하고, 또 내 부모님을 내가 책임진다고 하면서 반대로 해왔다는 것입니다. 그러나 내가 책임질 수가 없습니다. 사회를 널리 이롭게 하고 사람을 이롭게 하는 이러한 지적인 일을 할수록 진짜 내 가족을 위하는 것이 된다는 사실입니다.

―

그러면 한 부모에 자식들은 여러 명인데, 자식들 중에서 한 사람은 지적인 일을 하고 다른 자식은 부모님 옆에서 질 낮은 일만 하고 있는 경우, 그 부모는 어떻게 됩니까? 기쁜 것도 아니고, 어려워질 수도 있는 것입니까?

―

이것을 풀려고 들면 한참 풀어야 하겠지만 조금 만져 봅시다. 예를 들어서, 내가 자식을 다섯 명을 낳았는데 첫째는 박사가 되어서 나라 일도 해야 하고, 사회 일도 해야 하니 바빠서 집에 자주 못 들어옵니다. 그리고 둘째는 사업을 한답시고 막 쫓아다니면서 돈을 잘 법니다.

이렇게 첫째는 나라 일을 하고, 둘째는 돈을 잘 벌고, 셋째는 사람들과 어울려 술을 잘 먹고, 또 막내는 부모님 곁에서 농사를 지으면서 부모님을 자꾸 주물러 드리고 있어요. 그러면 이 부모님은 어떠한가? 얻을 것을 다 얻은 것 같지만 다 얻은 것이 아닙니다. 지금 부모님을 주물러 드리고 있다는 것은, 부모님이 몸이 안 좋아져서 아프다는 것이고 무언가 잘못되어 가고 있다는 신호입니다. 그럼 빨리 답을 찾아야 합니다.

우리가 사회를 이끌어 나가든 혹은 집안이 일어나는 과정에는 자기 포지션들이 다 있습니다. 어떤 사람은 뜻있고 보람 있는 일을 하기 위해서 배움을 많이 갖추게 되고, 어떤 사람은 경제를 이루고, 어떤 사람은 주위에 많은 사람을 두고, 이렇게 여러 가지 실력을 갖추면서 일을 합니다. 그리고 뒤에서 뒷바라지하는 사람이 있는데, 부모가 됐든 동생들이 됐든 이들이 뒷바라지를 하는 동안에 지식을 갖출 사람은 지식을 갖추고 있는 것입니다. 그럼 뒷바라지를 언제까지 하느냐? 그 뒷바라지를 받으면서 지식을 갖출 사람은 지식을 다 갖추고, 기술을 갖출 사람은 기술을 잘 갖추고 또 돈 벌 사람은 돈을 잘 벌면 이제 뒷바라지가 끝납니다.

뒷바라지는 앞에서 전부 다 힘을 만들 때까지 하는 것입니다. 오늘날 사회는 정확하게 그렇게 만들어져 있습니다. 지식인이 지식을 갖추고, 경제인이 경제를 갖출 동안에 노동자들이 열심히 일을 해서 경제를 창출해야만 이들이 이것을 할 수가 있는 것입니다.
한 집안과 나라는 똑같습니다. 고생을 하면서 뒷바라지할 때는 앞에 사람들이 힘을 키우고 있을 때입니다. 그리고 뒷바라지가 다 끝날 때쯤이면 이 힘은 다 키워졌으니까, 뒷바라지를 받으면서 힘을 키워 낸 사람들이 그동안 뒷바라지한 사람들을 챙겨야 합니다. 그래야 뒷바라지한 사람들이 지금까지 고생한 것을 끝내고 보람 있는 일을 할 수 있는 삶이 열립니다.
고생 끝에 낙樂이 온다고 하는데 고생 끝에 오는 즐거움이란 돈을 쓰고 다닌다고 즐거운 것이 아니라, 뜻있는 일을 했을 때 즐거움이 오는 것입니다. 이때까지 고생한 것은 뜻있는 일을 한 것이 아닙니다. 지금까지 열심히 일하면서 고생을 했다면 이제부터는 나도 뜻있는 일을 하는 것입니다. 이것이 보람 있는 일을 하는 것이고 이럴 때 비로소 즐거운 것입니다.

즐거움은 일 속에서 오는 것입니다. 그런데 일에는 고생하는 일이 있고 보람 있는 일이 있습니다. 내가 보람 있는 일을 할 때, 상대에게 좋은 일이 생기니 내가 즐거운 것입니다. 그래서 즐거울 낙樂인 것입니다. 우리는 지금까지 낙이라고 하니까, 그냥 어디 가서 술 먹고 논다든지 여행을 다니면서 낙이라고 생각을 했는데, 이제는 이러한 생각을 바꿔야 합니다.
우리는 사람을 이롭게 하는 일을 할 때 즐거움을 느낄 수 있습니다. 이것이 즐거운 낙입니다. 그래서 이런 즐거운 일이 생길 수 있도록 지식을 갖춘 사람, 경제를 갖춘 사람, 기술을 갖춘 사람들이 그동안 뒷바라지를 하느라 고생한 사람들을 이제 이끌어 주어야 하는 것입니다.

이렇게 할 때 우리 부모님은 어떻게 돼요? 뒷바라지만 하던 내 자식이 즐겁고 보람되게 살고, 또 뒷바라지를 받으면서 갖추던 자식들이 이러한 길을 열어서 설계를 하고 세상 사람들을 위해서 사니까, 우리 부모님들은 아주 행복합니다. 자식들이 다 자기 할 일을 하니까 행복한 것입니다. 이때 효라고 하는 것입니다.

부모님께 이 행복을 안겨 드리고 세상을 떠나게 할 때, '진정 효를 다했다'고 하는 것입니다. 그런데 지금 부모님이 아파서 자식이 맨날 주무르고 있으면 부모님은 이것 때문에 걱정을 합니다. 부모님을 걱정시켜서는 효가 일어나지 않는다는 말입니다.

내 자식이 나라 일을 하고 있다 하더라도 나라 일을 잘못하니까, 또 사업을 한다 해도 사업을 잘못하니까 이런 일이 있는 것입니다. 지식을 갖춘 자가 지식을 바르게 써서 이 사회를 위해 일해야 하는데 그런 일을 못하고 있는 것입니다. 그러면 부모님은 너희들을 위해서 고생하며 뒷바라지하던 자식이 그다음 일을 할 수가 없으니까 걱정되는 것입니다.

뒷바라지하면서 일은 실컷 했는데 마무리가 안 되어 바르게 돌아가지 않으니 걱정이 되는 것입니다. 자식이 걱정되면 부모님은 아파집니다. 열 손가락 깨물어 안 아픈 손가락이 없다는 소리가 바로 그 소리입니다. 어느 자식만 잘되고, 어느 자식은 잘못되어서 소외되면 부모님은 늘 걱정입니다. 이러면 지금 집안이 잘못되고 있는 것입니다.

나라도 마찬가지입니다. 이 나라에 대통령이 나왔어도 백성이 울고 있으면 잘못된 것입니다. 아무리 경제를 많이 이룬 기업의 총수들이 나오고, 이 나라에 부자들이 많아도 백성이 울고 있으면 잘못된 것이라는 말입니다.

한 집안에서도 내 자식들이 대통령을 하든, 장관을 하든, 기업 총수가 되었든, 박사가 되었든 간에, 뒤에서 뒷바라지 하던 자식이 울고 있으면 부모님은 이 자식 하나 때문에 걱정을 합니다. 이러면 효가 안 일어납니다.

그래서 갖추는 것이 중요한 것이 아니라 갖춘 연후에 무엇을 하느냐가 더 중요한 것입니다. 지금 갖추고 있다는 것은 어딘가에서 누군가의 피와 땀을 소모하고 희생 속에서 갖추고 이루는 것입니다. 그렇게 다 갖추었다면 뒷바라지하며 희생한 자들을 품어야 합니다. 그 사람들이 즐겁게 살아갈 수 있도록 해 주어야만 이 집안이, 이 사회가 바르게 돌아가는 것입니다.

고생 끝에는 분명히 낙이 있어야 합니다. 그렇게 하려면 즐거운 일을 할 수 있는 길을 열어 주어야 합니다. 이것까지가 한 프로젝트입니다.

부모님이 어려워졌다는 것은 부모님 옆에 있는 자식 혼자만의 책임이 아니라 다른 자식들 공동의 책임이라는 말씀이시지요?

지금 부모님 옆에 있는 자식은 고생을 다 해서 뒷바라지를 했으니 책임이 없습니다. 뒷바라지를 한다는 것은 지금 우리끼리 질 좋은 것을 만들 수 없으니까 갖출 사람은 갖추고 이룰 사람은 이루어야지만 질 좋은 일을 할 수 있으니 그것을 위해서 희생을 한 것입니다. 그래서 갖춘 자들이 질 좋게 되어 자기 할 일을 했을 때, 질 좋은 일을 생산하게 되고 그렇게 되면 뒷바라지한 사람들도 보람 있는 일을 하게 되어 어려움을 안 겪는 것입니다. 그럴 때 우리 부모님은 절대 어려움을 겪지 않습니다. 마지막 한 자식까지 다 즐거울 때 부모님은 여한이 없고 행복한 것입니다. 이것이 효의 근본이 되는 것입니다.

오늘날 이 숙제를 풀어내야 합니다. 이런 원리를 나중에 이 사람에게 물으면 답까지 내서 다 풀어 줄 것입니다. 이 사회가 지금 어떠한 일을 하지 못하고 있기에, 사회에서 이런 일이 일어나고 있는 것까지도 다 풀어 준다는 말입니다.

한 가지 답을 정확하게 아는 사람은 모든 답을 아는 것입니다. 모든 답을 알기 때문에 한 가지를 아는 것이 아니라, 한 가지를 정확하게 안다는 것은 이 세상의 모든 답을 정확하게 안다는 소리입니다. 원리는 두 가지에서 나오는 것이 아니기 때문입니다. 正

MY JUNGBUB NOTE

MONTH 1 2 3 4 5 6 7 8 9 10 11 12
DAY 1 2 3 4 5 6 7 8 9 10 11 12 13 14 15 16 17 18 19 20 21 22 23 24 25 26 27 28 29 30 31

—— 지금 나의 환경 ——

—— 나의 정법 명언 ——

—— 느낌 + 생각 ——

정법강의 32-33강 이 시대의 효

정법강의 JUNGBUB LECTURE

34-36
대학생 취업

Q. 딸이 내년 초에 대학을 졸업하는데, 졸업 후 진로에 대해서 고민을 많이 합니다. 대기업에 취업을 하자니 본인의 적성을 무시하는 것 같다며 망설이고, 창업을 하자니 실패하지 않을까 두려워합니다. 그러나 어느 한 쪽을 선택해야 할 것 같은데, 취업과 창업 중 어느 쪽을 선택하는 것이 좋을까요?

강의일자: 2011. 11. 26.

대학을 졸업하는 학생들이 대학원에 진학하지 않고 사회로 나오려고 하면 정확한 것을 알아야 합니다. 사회에 나와서 적성에 맞지 않은 일을 한다고 해도 한번 해 볼만 합니다. 왜냐? 그동안 해 본 적이 없는 일이기 때문에 적성에 맞지 않을 수 있겠지만 해 봄으로써 그것을 배우게 됩니다.

학교를 졸업하면 공부가 끝난 것이 아니라 사회에서도 공부를 하는 것입니다. 학교에서 배운 것은 잘 정리해 놓은 이론을 배운 것이지, 다 배운 것이 아닙니다. 이론은 배워서 알지만 현장 공부는 안 했던 것입니다. 우리 젊은이들은 앞으로 사고를 바꿔서 사회현장 공부를 분명히 해야 합니다.

현장 공부를 하지 않은 자는 실력이 부족해서 어느 정도까지는 가지만 자신의 실력을 발휘하여 절대 고급 인력이 될 수가 없습니다. 고급 인력이 되려면 정확하게 공부할 것을 다해야 된다는 이야기입니다. 학교에서 공부한 것은 기초를 다진 것이고, 그 기초를 가지고 사회에 나오면 사회에서 현장 공부를 해야 합니다. 그리고 현장 공부를 다하고 나면 그 다음에 실습을 합니다. 이렇게 배움에도 3단계가 있습니다. 그렇게 해서 실습을 해보니까 그 안에서 실력이 나옵니다. 모자람이 그 안에서 다듬어지면서 실력이 나오니까 그 실력을 보고 스카우트를 해 갑니다. 내가 실력을 갖추고 있으면 이 세상에 필요한 사람이 됩니다.

우리가 취직할 자리가 없다고 하는데, 실력이 있는데 취직할 자리가 없는 사람은 없습니다. 내가 취직 자리를 찾아다니지 않아도 회사에서 먼저 정보를 알고 스카우트를 하러 찾아옵니다. 실력을 발휘했는데 모시러 오지 않는 법은 대자연에 없습니다.
그런데 지금 이 사람이 보니 실력들이 없습니다. 앞으로의 사회는 실력 사회입니다. 실력이 없으면 천한 일을 하고, 실력이 있으면 높은 질량의 일을 하게 됩니다. 정확하게 실력이 없으면 하버드 대학을 나왔어도 낮은 일을 해야 합니다. 앞으로는 학벌 사회가 아니라는 것입니다. 이제부터는 실력 사회로 돌아갑니다.

앞으로 과거의 방법대로 사회를 바라보아서는 안 됩니다. '우리가 해왔던 것은 무엇인가? 왜 그것을 했는가? 우리가 가진 실력은 어디에 맞는가? 어디서 무슨 일을 하려고 어떤 실력을 갖추었는가?' 이런 것들이 정리가 되어야 합니다.

그러니까 돈 벌려고 하지 말고 공부한다는 마음으로 사회에 한 발을 내딛으라는 것입니다. 사회에 나와서도 공부하는 것입니다. 이 공부가 어떻게 되냐? 요즘은 20대 중반까지도 공부를 하죠? 해외 유학도 가고 대학원에 가서 공부도 하는데, 20대 후반이나 30대가 되면 사회에 진출해야 합니다. 사회 진출을 하면 사회 공부를 하러 나오는 것입니다. 그러면 사회 공부는 언제까지 하느냐? 37~40세까지 해야 합니다. 단계적으로 사회 공부를 하는 것입니다. 사회 공부를 할 때는 이론을 배우던 기초 공부 때와는 다르게 학비를 주면서 하는 것이 아니라 살아가는 비용을 어느 정도 충당해 가면서 하게 됩니다.

그러면 충당은 얼마나 받는 것이 맞느냐? 70% 충당이 되면 100% 이루어졌다고 보면 됩니다. 예를 들어 500만 원을 준다고 할 때, 500만 원 받기를 욕심내는 사람은 공부하는 사람이 아닙니다. 그 사람은 직업인이 되는 것입니다. 우리 젊은이들은 사회에 나와서 바로 직업인이 되면 안 됩니다. 공부가 주목적이어야 하고, 공부하는 사람에서 벗어나면 안 됩니다.

공부를 하고자 할 때는 지금 사회에서 내가 누릴 수 있는 것의 70%만 혜택을 주면 그동안 하지 못한 것들을 한다든지, 전문적 기초이론을 실습해 본다든지, 실습 중에도 더 공부를 한다든지 이렇게 여러 가지 공부를 사회에 뛰어들서 해야 합니다. 이것은 현장 공부를 하는 것입니다. 그러니까 아직까지 공부 중이라는 생각을 버리지 말아야 합니다.
그렇게 하면서 사회에서 70%를 준다고 조건을 제시하면 100%가 들어온 것으로 생각하고, 공부하러 사회에 왔다는 정신을 놓지 말아야 합니다. 그렇게 하면 절대 어려움이 오지 않고 실력은 계속 향상됩니다.

30대 후반이나 40대 초반에 현장 실습을 가게 됩니다. 학교 공부와 현장 공부를 했으니까 일을 하면 실력이 나옵니다. 갖춘 실력은 정확하게 나오게 되어 있습니다. 그러면 스카우트하러 들어옵니다. 그렇게 되면 대학을 졸업하고 말단으로 입사해서 7~10년 정도 지나 호봉대로 올라가는 자리에 가게 됩니다. 절대 그 밑으로는 안 갑니다.
실력을 갖춘 사람을 그 자리에 데리고 가기 위해서 하늘이 움직입니다. 실력을 갖춘 사람이 가기 때문에 그 자리는 단단합니다. 그러나 실력을 갖추지 않고 호봉으로 간 사람은 조금 있으면 명퇴를 받아야 됩니다. 실력을 갖춘 사람에게는 절대 명예퇴직을 시키지 않습니다. 이들은 대우를 해 주어 가면서 씁니다. 입사해서 근무 연수에 따라 호봉을 올려준 것은 대우가 아닙니다. 앞으로의 사회를 잘 보세요. 노력해서 자신의 실력을 갖춘 사람은 스카우트해 가고 대우를 해 줍니다. 직장의 일자리만 탐내고 돈을 많이 받으려고 좋은 직장에 들어갔던 사람은 절대 대우받지 못합니다. 어느 정도 가다가 다 떨어집니다. 그래서 나의 실력을 갖추어야 되는 것입니다.

이해되기 쉽게 풀자면, 지금 사회가 무엇을 바라느냐? 사회는 일할 사람을 찾습니다. 그런데 지금 대학을 졸업하는 젊은 사람들이 돈을 벌려고 합니다. 일자리를 찾는다고 말은 하지만 자세히 보면 일자리를 찾는 것이 아니라 돈 벌 곳을 찾는 것입니다. 그러나 사회는 돈을 주려고 기다리는 것이 아니고 일할 사람을 기다립니다. 지금 이 원리를 모르고 있는 것입니다. 굉장히 중요한 것을 빠트리고 있습니다.

이 사회에 일자리는 충분히 있는데 돈만 벌려고 나오니까 돈 줄 자리가 없는 것입니다. 이래서 조건이 삐걱거리는 것입니다. 조건이 맞지 않으니 등용문이 좁은 것입니다. 다시 말하지만, 일을 하러 나오면 일할 자리는 분명히 다 있습니다. 그런데 일자리를 찾지 않고 돈 받을 자리를 찾는 것입니다. 좋은 조건에 대우가 좋은 일자리를 찾는다는 말입니다.

그들이 말하는 '대우'라는 것이 인격을 존중받는 것을 이야기하는 것이 아닙니다. "토요일, 일요일은 모두 쉽니까?", "연봉은 얼마 줍니까?", "보너스는 얼마 줍니까?" 이런 것을 대우해 주는 것으로 이야기한다는 말입니다. 사회는 그런 사람을 기다리고 있지 않습니다. 그래서 지금 취업이 어려운 것입니다. 사회는 일할 사람을 기다리고 있습니다. 우리는 이것을 알아야 합니다. 사회를 바르게 알지 못하고 원망만 한다면 내가 설 땅이 더 좁아지는 것입니다.

그러니 우리가 어떤 마음을 갖느냐가 매우 중요합니다.

대학을 나와서 사회에 입문할 때는 돈 벌 자리를 구하는 직업인이 되어서는 안 됩니다. 지금은 직업인이 될 때가 아니라 아직 더 배우겠다는 마음가짐이어야 합니다. 그러면 어떤 것을 해도 괜찮습니다. 배운다고 생각하면 무조건 대기업에 들어가겠다는 생각을 조금 바꾸는 것이 나을 것입니다. 대기업에 들어가서는 배울 것이 많이 없습니다.

대기업에 들어가서 연봉이 정리되니까 처음에는 좋은 직장에 왔다고 생각하지만, 이것은 조금 있으면 흡수되어 버립니다. 이때부터 조금 더 나은 다른 것을 찾게 됩니다. 그런데 찾아보아도 없으니까 주식투자를 한다든지 아파트를 사 놓으려고 한다든지 하며 다른 데에 눈을 뜹니다. 그러면서 대기업에 다닌다는 좋은 조건으로 은행에서 융자를 내기도 하며 돈에 대한 집착이 자꾸 강해집니다. 이러면 어떻게 되느냐? 직업인이 되고 무식한 사람이 되기 시작하고 이때까지 갖춘 지식이 소용없어지게 됩니다. 지식인이 어디로 치우치면 무식자가 된다는 사실을 알아야 합니다. 정확하게 무식자가 됩니다. 지금 이 사회의 지식인들이 모두 무식하게 살고 있습니다. 그래서 이 나라가 이렇게 어려워지는 것입니다.

—
그러면 젊은이가 창업을 하는 것은 올바른 방법이 아니라고 보아야 합니까?
—

경제력이 있으면 창업해도 됩니다. 그러나 창업도 공부로 해야 합니다. 창업도 공부고 어디에 취직해도 공부입니다. 대학을 나와서 하는 것은 무엇이든지 공부한다는 생각으로 해야지, 창업해서 성공할 것이라는 생각으로 하면 100% 실패합니다. 앞으로는 그런 세상을 안 열어줍니다.
이때까지는 이 사회가 70% 성장 과정에 있었을 때였기에 오만 가지 일이 다 이루어졌지만 앞으로 인본시대, 정법시대에는 그런 법칙이 절대 없습니다. 바르고 정확한 길로 안 가면 누구든지 어려워지는 것을 다 맛보게 됩니다.
더군다나 대학을 나온 사람이 다른 방법으로 간다면 무조건 쓴맛을 보게 되어 있습니다. 지식을 갖춘 사람이 다른 방법으로 한다면 100% 정확하게 어려움을 겪게 될 것이라는 말입니다. 창업은 안 됩니다.

그러면 무조건 창업을 하면 안 되느냐? 창업을 하면서 공부할 사람과 다른 방법으로 공부해야 할 사람이 있습니다. 만약 보수라면 창업을 하면서 공부하겠지만, 진보 지식인이라면 창업하면서 공부하는 것이 아닙니다. 그 사람은 세상에 만들어 놓은 자리에 가서 공부를 더 만져 보아야 됩니다. 젊은이들도 보수가 있고 진보가 있습니다. 공부도 같이 하고 대학도 같이 나오니까 같은 지식인 같지만, 이들은 같은 학교에서 같은 공부를 해도 받아들이는 것이 다릅니다. 하버드 대학을 같이 나와도, 같은 학과에서 같은 선생님께 똑같은 책으로 배우고 똑같은 말을 들어도 보수 지식인이 배운 것과 진보 지식인이 배운 것이 다르다는 말입니다. 생각하는 것이 다르기 때문에 흡수하는 것도 다른 것입니다.
보수 지식인은 창업을 해서 공부를 더 해도 됩니다. 왜? 더 공부할 수 있게 뒷받침해 줄 사람이 있기 때문입니다. 내 집안이 보수라는 것은 경제를 갖추어 놓았다는 이야기입니다.

그러나 졸업 후에 자녀들의 창업을 돕는 부모들은 명심해야 할 것이 있습니다. 조그맣게 차려 주면서 성공보다는 공부를 시키기 위한 것이어야 합니다. 그래서 실패를 하더라도 비용을 들여가며 공부를 시키는 것입니다.

하지만 진보 지식인은 그렇게 창업을 도와줄 수 있도록 갖추어 놓은 집안이 절대로 아닙니다. 집안이 아주 엄격하고 맑고 깨끗하지만, 창업비를 대줄 만큼 경제를 갖추어 놓지를 않았습니다. 이 사람은 분명히 진보 지식인이지 보수 지식인이 아닙니다.

지금 이 사회는 보수 지식인과 진보 지식인 그리고 노동자가 가지고 있는 것이 각각 정해져 있습니다. 2차 대전 이후부터 이때까지는 그런 것을 정하는 시기였습니다.

우리가 몇십 년 전만 해도 무식할 때였고, 집안이 어렵고 못 배웠어도 그 중에 한 사람을 골라서 지식인이 되도록 온 가족이 뒷바라지하던 시절이 있었습니다.

그렇게 보수 집안에서는 경제를 갖추고, 진보 집안에서는 저마다의 지식을 갖추고, 노동자는 열심히 고생하고, 이렇게 해서 우리는 어떻게 살고 있고... 이런 것들이 딱 정해져 있다는 말입니다.

지금 이렇게 잘 갖추어진 사회에다 돌을 던지면 안 됩니다. 바르게 되어 있는 것입니다. 이 기운을 움직이게 하는 것은 진보 지식인이 해야 할 일입니다.

진보 지식인이 어떤 설계를 해서 세상에 내놓느냐에 따라서 경제가 움직이고 돌아가게 됩니다. 이것을 못 해낸다면 지식을 갖추었어도 아직까지 깨닫지 못했다고 생각해야 합니다. 이런 것을 바르게 운용할 줄 모르면 세상의 주인공이 될 수 없습니다. 부모님이 원하는 지식을 다 갖춘 사람이 아니라는 것입니다.

지금 지식인들의 역할이 굉장히 중요할 때입니다. 여기에 지식인들의 운명이 걸려 있습니다. 지식인들의 운명에 이 나라의 운명이 걸려 있고, 이 나라의 운명에 인류의 운명이 걸려 있습니다. 굉장히 중요할 때입니다. 지금 국민들이 힘들어도 지식인들이 이 가닥을 잡을 수 있게 해 주어야 합니다. 그러면 지식인들은 그동안 우리가 고생한 것을 마무리하여 잘 풀기 위해서 노력해야 합니다. 학생들 이야기를 하다 보니까 진보 지식인 쪽으로 설명이 자꾸 갑니다.

다시 돌아가서, 졸업생들이 창업을 생각한다면 집안의 경제력을 따져 보아야 합니다. 경제력이 된다면, 작게 투자해서 실패를 하든 안 하든 경험해 볼 수 있습니다. 하지만 어려운 집에서 대학 보내느라 쎄가 빠지게 고생했는데, 거기에다 없는 돈을 탈탈 털어서 창업을 했다면 집안도 망하고 그 인생도 고생길로 나아가게 됩니다. 집안까지 고생길로 내몰게 되는 것입니다. 이런 실수는 절대 하면 안 됩니다. 그래서 이런 원리를 빨리 풀어서 내주어야 합니다.

다시 말하지만, 행상도 하고 뭐도 하며 고생 고생해서 공부 시켜 놓았는데 자식이 창업시켜 달라고 하여 빚을 내서 도와주면 이것은 100% 망합니다. 집안까지 다 망합니다. 앞으로는 지식인이 행동을 한 번 잘못하면 이 사회를 몰락시켜 버립니다. 그래서 형편이 어려운 사람은 절대로 창업하면 안 됩니다.

우리가 잘 갖추어진 대기업이나 중소기업에 들어가면 굳이 창업하지 않아도 됩니다. 기계도 사 놓았지, 땅도 마련해 놓았지, 건물도 지어 놓았지, 책상과 사무용품도 다 주지, 이렇게 잘 갖추어진 곳에 가서 공부만 하면 되는데 왜 내가 차려서 고생을 하려고 합니까? 얼마나 무식한 짓이에요? 더군다나 월급도 주면서 공부하라고 합니다. 참 좋은 것입니다. 지금 이 사회가 잘 만들어져 있습니다.

대학을 나온 사람이 사회에 나와서 70%만 벌어도 그렇게 어렵지 않습니다. 하는 일을 바르게 하고 있으면 돈 쓸 일도 별로 없습니다. 대학 나와서 할 일이 없으면 돈이 많이 듭니다. 놀거든요. 놀면 돈 쓸 일밖에 없습니다. 그런데 연구를 하고 일을 하고 노력하면 돈 쓸 데가 없습니다. 그래서 적게 받아도 충분히 운용되는 것입니다. 그리고 월급 받으면 부모님 외식도 시켜 드리고 용돈을 조금 드리는 것도 충분히 가능합니다. 지금은 욕심낼 때가 아닙니다. 공부시기입니다.

―
얼마 전 박근혜씨가 대학생들 앞에서 '학력 차별을 막기 위해 취업시험을 치러서 기업에 취직할 수 있게 하겠다'라고 했는데, 이런 방법은 어떠한가요?
―

앞으로는 시험을 쳐서 채용하는 방법은 없어져야 됩니다. 가면 갈수록 실력 위주로 가야 합니다. 실력을 테스트하는 것이면 말이 되지만 지금처럼 수학, 영어를 학교에서 얼마나 잘 외웠는가를 테스트하면 안 됩니다.

시험도 이제는 면접시험을 치고 질문을 해서 어떤 사고를 가지고 있는지를 풀어 보는 시험이어야 합니다. 인간을 존중하는 세상을 만들어 가야지 잘 외우는 사람을 채용해서는 안 된다는 말입니다.

잘 외우는 것은 컴퓨터가 더 잘 외웁니다. 컴퓨터만 두드리면 바로 나옵니다. 그것도 그 사람 능력의 천 배, 만 배도 나옵니다. 이제는 전부 다 컴퓨터가 머리 역할을 합니다. 하지만 컴퓨터는 어떠한 사상을 가질 수 없습니다. 인간만 사상을 가질 수 있습니다.

사람은 사상을 가질 수 있기 때문에 존중받는 것입니다. 그러면 어떠한 사상을 가지느냐? 이때까지는 사상을 가지지 못하고 이 회사를 위해서 어떻게 하면 잘할 것인가를 생각했습니다. 그래서 이렇게 기업이 성장해왔습니다. 그러나 이제는 '어떻게 하면 지금까지 성장해 놓은 이 기업이 인류를 위해 큰일을 해서 빛나고 존경받게 할까? 얼마나 보람 있는 일을 해서 많은 사람을 득 되게 하고 이 기업도 번창하게 할까?' 이런 생각을 가진 젊은이들을 채용해야 합니다. 그러면 돈을 아무리 많이 주어도 괜찮습니다.

그리고 그런 사람에게 어떻게 대우해 줄까를 물으면 정확하게 나오는 답이 하나밖에 없습니다. "알아서 주십시오."라고 합니다. 능력도 없는데 돈을 더 달라고 하면 면접에서 떨어져야 될 사람입니다. "내가 하는 만큼 주십시오!" 하고 입사할 줄 알아야 합니다. 잘하면 잘 대우해 줄 것이고, 못하면 대우해 주지 않아야 맞는 것입니다.

앞으로 이 사람이 회장들과 CEO들에게 면접 보는 법을 자세히 가르칠 것입니다. 그렇게 해서 회사에 도움을 줄 사람인지 아닌지를 알 수 있게 1번에서 100번까지 짜줄 것입니다. 누가 보아도 이해가 되니까 피해 갈 수 없고, 안 할 수 없습니다. 그래서 면접을 볼 때 물으면 몇 개는 답할 수 있지만, 계속 질문하면 거짓말한 것도 다 들통납니다. '사회를 위해서 무엇을 할 것인가, 나라를 위해서 무엇을 할 것인가, 인류를 위해서 이 회사가 무엇을 할 것인가' 이러한 생각이 기본이 되어야 합니다.

이 사회는 다 컸습니다. 1차적인 성장을 마쳤기 때문에 앞으로 사회를 이끌어 나가는 뜻있는 일을 해야만 진짜 성장을 할 수 있습니다. 그러려면 지적인 사고를 하고 지적인 일을 해서 들어오는 경제를 일으켜야 합니다. 그렇게 일으킨 경제는 우리가 다 같이 마음껏 써도 부족함이 없고, 윗사람들이 얼마든지 챙기고 싶은 만큼 챙길 수 있습니다. 그렇게 되면 욕심이 저절로 없어집니다. 그분들이 가지고 있는 것의 10배, 100배를 만들어 주면 욕심은 저절로 생기지 않습니다. 내 근기의 한계가 있습니다. 한계치에 다다르기 직전에는 욕심을 내는데, 그 선을 넘어서면 욕심이 나지 않게 됩니다.

예를 들어서, 개가 욕심이 많죠? 그런데 소갈비를 잔뜩 부어 주면 떡하니 앉아서 쳐다보고 있게 됩니다. 이것이 뭐냐 하면, 욕심부릴 선을 넘었기 때문입니다.

—
집안의 여력이 없는 경우에 빚을 내서는 창업을 하지 말라고 하셨는데, 그렇다면 대학생들이 모여서 국가의 지원을 받아 벤처 형식의 기업을 창업하는 경우는 어떻게 보아야 합니까?
—

절대 안 됩니다. 97% 망합니다. 3%를 위해서 지금 이런 식으로 국가가 지원하면 학생들 버릇을 잘못 들게 해서 이 나라가 망합니다. 학생들을 위해 사업비를 나라가 지원한다면, 전부 다 빚쟁이를 만드는 것이 됩니다. 돈 대주면 그냥 줄 건가요? 창업비는 빚으로 빌려주는 것입니다. 국민 세금으로 빌려주고 그 아이들을 빚쟁이로 만드는 것입니다. 그리고 이 돈은 다시 기업인 손으로 들어갑니다.

국민에게 걷은 세금으로 창업을 지원해 주었는데 그것이 망하면 그 돈은 다시 기업인 손에 들어가고 또 세금을 더 걷게 됩니다. 그리고 또 돈을 빌려주고 망하면 그 돈은 다시 기업인 손에 들어가고… 이렇게 해서 기업은 부자가 되고 나라는 빚을 지고 망하는 것입니다. '왜 이렇게 나라가 빚을 지는가?' 이 원리를 못 찾고 있는 것입니다. 나라의 빚이 지금 얼마인 줄 압니까? 대통령 한 사람이 임기 5년 동안 100조의 나라 빚을 만들고 갑니다. 대통령 임기가 끝나고 물러날 때 100조의 빚을 만들고 간다, 이 말입니다. 이것은 무서운 일입니다. 10조가 아니라 100조입니다.

요사이는 조가 무슨 밥을 해서 먹는 좁쌀인 줄 알아요. 이러면 큰일나죠. 그런 방법은 안 됩니다. 이 사람이 지금 분명히 설명해 둔 것은 그런 것을 방지하기 위해서입니다.

창업은 경제를 갖추어 놓은 보수 집안의 자제들이 하는 것입니다. 그리고 창업을 할 때도 성공하려고 하면 안 됩니다. 실패하더라도 공부를 해야 하니까 운용해 보는 것은 좋습니다. 현장에서 자기의 배움과 근기에 맞게끔 조그맣게 차려서 직접 공부도 하며 운영해 보는 것은 굉장히 좋습니다. 그런 공부를 하면 나중에 경영인으로 성장할 수 있게 되고, 그 줄은 원래 경영인으로 가는 것이 맞습니다. 하지만 집안이 진보 지식인 줄이라면, 이 사람은 지식인을 만드는 것이 맞습니다. 지식인으로 만들려고 하면 창업을 하면 안 됩니다. 창업을 하는 데에도 이처럼 원리가 있습니다.

지금 창업을 한다고 돈을 빌려주면 누구에게 주느냐? 전부 지식인이 될 사람들에게 주는 것입니다. 경제를 지금 운용해야 될 사람은 정부의 돈을 빌리지 않아도 됩니다. 부모가 줄 것인데 왜 빚을 냅니까? 나라가 돈을 대주는 것은 잘못 대주는 것이기 때문에 100% 망하게 됩니다. 잘못되면 그냥 잘못되는 것이 아니라 이 사회에 모순이 생겨서 사회가 그것을 또 책임져야 됩니다. 그 사람의 인생도 망치게 되고 이 사회가 책임을 져야 된다는 말입니다.

한 사람이 잘못되면 자기 혼자 잘못되는 것이 아닙니다. 잘못된 사람이 사회로 나오기 때문에 이 한 사람을 나라가 감당해야 하는 것입니다. 이렇게 지금 계속 악순환을 만들고 있는 것입니다. 큰일납니다. 무조건 돈을 준다고 되는 것이 아닙니다.

돈이 누구의 것인가요? 전부 세금이고 나라 빚입니다. 선심성善心性으로 주는 것은 이제부터는 안 됩니다. 국민도 그런 것을 바라지 않습니다. 지금 이런 것들을 바르게 풀지 못하고 있는데 지식인들이 이것을 바르게 잡아서 성명을 내야 합니다.

앞으로 지식인 그룹들이 만들어져서 이런 것을 연구해서 내놓으면, 국민도 보고 나라님도 보고 다 봅니다. 그래서 이런 것을 몰라서 그렇게 하려고 했던 것이라는 것을 알고 바로 잡습니다. 이런 역할을 해 주어야 하는 것이 지식인입니다.

그렇게 되면 지식인들에게 사정을 털어 놓고 자문을 구하러 오게 됩니다. 이때 지식인들이 일할 것이 생기고 일하는 데에 필요한 지원을 해 주게 됩니다. 이렇게 하면서 지식인들의 살 길이 나오는 것입니다.

이렇게 내놓은 것은 보고서가 되고, 저작권이 생겨서 사회에 필요한 곳에 쓸 때마다 경제가 일어나게 됩니다. 그러면 그 경제로 또 연구를 하고… 이렇게 해서 지식인들의 주권이 만들어져야 된다는 말입니다. 사회에 한 일도 없는데 잘살려고 하면 되나요? 지식인은 이 사회를 위해서 무엇을 했는지 그 사회 기여도에 따라서 삶이 좋아지게 됩니다.

지식인이 사회에 한 일이 없으면서 삶이 좋아지기를 바라면 지식인이 아닙니다. 사회에 무엇을 했는가에 따라서 내 질량에 맞는 바탕이 스스로 만들어지는 것이니까 내가 만들려고 하지 않아도 됩니다. 타협을 보러 다니지 않아야 되는 것이 지식인입니다.

그래서 지식인은 원래가 중도를 걸어야 되는 것입니다. 중도는 지식인이 걷는 것입니다. 중도가 얼마나 어려운 것인지 압니까? 그런데 무식한 사람이 이 길을 걷는다고? 이것을 배운다고? 이것은 배울 수도 없습니다. 지식인만이 이 중도를 배울 수 있고 이 길을 걸을 수 있습니다. 중도는 지식인의 것입니다.

—
그렇다면 예전에 했던 벤처기업이 다 망한 이유가 거기에 있다고 보면 되겠습니까?
—

전부 다 그렇습니다. 그런데 지금 다 망한 것이 아니고 한 1%가 살아남았습니다. 그런데 그 1%도 앞으로 살아 있을지 아닐지 이 사람 앞에 데리고 와보면 답해주겠습니다. 이 사람이 딱 잣대를 놓아 보고 당신은 얼마 있으면 이것도 망해야 되는지 아니면 당신은 바르게 했으니까 살아날 것인지 답해주겠습니다.

지금 정부에서 지원을 받아서 했다면 그는 진보 지식인입니다. 이렇게 한 창업은 절대 성공하지 못합니다. 이것은 확률 100%입니다. 지식인은 지식인이 할 일을 해야 되고, 보수는 보수가 할 일을 해야 되고, 노동자는 노동자가 할 일을 해야 됩니다. 그렇게 해야 삶의 질량이 좋아지는 것입니다. 안 그러면 100% 실패합니다.

지식인이 창업을 하면 큰일납니다. 어떻게 지식인이 경쟁 사회에 뛰어든다는 말입니까? 그것은 안 됩니다. 지식인이 백성하고 경쟁을 하다니...

—
그러면 지식인이 아이템을 개발했을 경우 어떻게 해야 합니까?
—

개발하는 물품에 따라서 다르겠지요. 예를 들어 내가 전자 기술자예요. 기술자면 노동자입니다. 지식인이라도 지금은 노동자 축에 들어갑니다.

지식인도 기술직이 있습니다. 지식인이 기술을 배워 공대를 나오고 또 공학박사가 되는 지식인이 있고, 인문학을 하는 지식인이 있습니다. 인문학은 위, 공학은 아래입니다. 다시 말해, 기술직은 아래라는 이야기입니다.

공학 지식인은 직접 창업을 하면 안 됩니다. 개발한 아이템은 대기업에서 잘하게 넘겨주고, 나는 이 기술에 대한 몇 %만 달라고 하는 것입니다. 그렇게 해야 계속 연구 개발할 수 있게 됩니다.

이렇게 만들어진 상품을 누가 더 잘 팔까요? 그 일은 대기업에서 잘합니다. 잘할 수 있는 곳에서 팔게 하는 것이 원칙입니다. 기술자가 이것을 해서 성공해 볼 거라고 하면, 그럼 대기업은 어떻게 하라고? 이런 것은 거래를 할 줄 알아야 되는 것입니다. 직접 창업하면 시간이 조금 지나서 망합니다. 돈을 주었으니까 처음에는 합니다. 그 돈을 가지고 하니까 당장은 돈의 힘으로 갑니다. 그리고 조금 있으면 주문이 더 들어오고 공장을 넓혀야 합니다. 그러면 돈을 어디 가서 마련해와야 하는데, 공대를 나와서 기술은 배웠을지 몰라도 돈을 빌리러 가는 법은 잘 모릅니다. 돈을 꾸어 와도 이것은 나의 전문이 아닙니다. 그런데 또 한

단계 더 공장을 키워야 되는 시기가 옵니다. 창업을 하면 이런 과정으로 커 갑니다. 이렇게 3단계가 불어날 때 문제가 생기게 됩니다. 이때는 사람을 대해야 됩니다. 그런데 사람 대하는 공부를 안 한 것입니다. 그러니 기술만 믿고 고집을 부립니다. 여기서부터는 절대 발전을 하지 못하고 그때부터 엄청나게 힘이 듭니다. 할 수 없이 합의를 보러 가는 일도 생기고 또 합의에서 밀리면서 물러나게 되고, 이러면서부터 엄청나게 힘든 일을 맞이하게 됩니다. 망하는 징조가 보이기 시작하는 것입니다. 겨우 합의를 보아서 계약을 끌어당기면 그쪽이 득보게 해 두었지 너를 득 보게 만들어져 있지 않습니다. 쎄가 빠지게 고생해서 결국 이렇게 됩니다.

재주는 곰이 부리고 돈은 사람이 갖는다고 하지요?

이때까지 그렇게 해왔지만 이제는 그런 짓을 하면 안 됩니다. 벤처해서 성공한 사람이 지금 몇 명 있나요? 대한민국에서 벤처기업 지원금으로 쓴 돈이 엄청납니다. 수천 명에게 지원해 주었지요? 그런데 살아남은 사람이 10명이 안 됩니다. 수천 명을 지원했는데 10명이 채 안 된다고 하면 나머지는 어떻게 됐나요? 살아남은 이 10명도 조금 더 하다가 자빠질 사람들입니다. 이 문제는 정리를 다시 해야 합니다. 아직 끝나지 않았습니다. 이해되나요? 正匠

MY JUNGBUB NOTE

MONTH 1 2 3 4 5 6 7 8 9 10 11 12
DAY 1 2 3 4 5 6 7 8 9 10 11 12 13 14 15 16 17 18 19 20 21 22 23 24 25 26 27 28 29 30 31

―― 지금 나의 환경 ――

―― 나의 정법 명언 ――

―― 느낌 + 생각 ――

정법강의 34-36강 대학생 취업

NOTE

NOTE